KB170057

착한 언니들이 알려주는
NCS 취업 면접 성공비법

Copyright ⓒ 2020, 윤지연, 김은주
이 책은 한국경제신문*i* 가 발행한 것으로
본사의 허락 없이 이 책의 일부 또는 전체를 복사하거나 무단 전재하는 행위를 금합니다.

착한 언니들이 알려주는 NCS 취업면접 성공비법

윤지연, 김은주 지음

한국경제신문*i*

서문

저는 겨울이면 스키장을 찾아 스노우보드를 즐깁니다. 반면 스키는 상상만 해도 다리가 떨립니다. 유사한 종목의 스포츠이건만 하나는 즐기고, 하나는 공포의 대상이 된 이유는 무엇일까요? 그 차이는 훈련방법에 있습니다. 사실 스키는 강습 한 번 받지 않고 호탕하게 리프트를 타고 올라갔는데, 예상처럼 결과는 처참했습니다. 결국 내려오긴 했지만, 안전요원의 등에 업혀 내려오는 굴욕적인 흑역사를 남기게 되었습니다. 그 후에 스노우보드는 착실하게 정식 교습을 받았고 리프트에 타기 전에 충분한 연습 시간을 가졌습니다.

자신의 생각을 표현하는 것도 다르지 않습니다. 태어나면서부터 말을 잘하는 사람은 매우 드뭅니다. 스노우보드를 탈 때 넘어지지 않으려면 어떻게 해야 하는지 아시나요? 턴을 하기 위해 시선을 먼저 돌려야 합니다. 이처럼 말하는 스킬도 몇 가지 방법을 알고 충분히 연습한다면, 자신의 매력과 역량을 충분히 어필할 수 있습니다. 타고난 능력을 갖춘 사람만이 아니라 누구나 그렇게 될 수 있습니다. 필자 역시 이 책에 소개된 방법들을 알기 전과 후가 많이 다릅니다. 역량이란, 타고난 것이 아닌 훈련을 통해 키울 수 있는 것이기 때문입니다.

한양대학교에서 교육공학을 전공하고 석사학위를 받은 뒤, 온라인콘텐츠(이러닝)의 교수설계자로 15년의 삶을 살았습니다. 교수설계자라는 직업은 학습 내용의 미시적 설계부터 넓게는 교육 PD로서의 역할까지, 교육 전반에 걸친 기획을 해야 하는 일입니다. 교수설계자로서의 지난 시간은 정보를 전달하는 사람이 아닌, 전달받는 상대방의 관점에서 생각하는 사람으로서 고민하는 삶을 살게 해주었습니다. 하지만 NCS 강의를 시작으로 직접 강의를 하게 되면서 책상 앞에서의 분석과 고민을 넘어 현장에서 대학생들과 직접 소통하며 호흡할 수 있었습니다. 학습자의 상황과 구체적 요구, 그리고 그들이 겪고 있는 문제와 고통에 대해 피부로 느끼며 긴밀한 공감대를 형성할 수 있었습니다. '어떻게 하면 불안한 미래에 관해 고민하는 꽃다운 청춘에게 도움을 줄 수 있을까' 생각하던 중, 프레젠테이션 역량 강화를 위한 프로그램을 한국생산성본부(KPC)에 제안했고, 오랜 시간 기획과 과정 개발의 시간을 거쳐

PAC(Presentation Ability Certificate)라는 교육인증형 자격 과정이 탄생했습니다.

그리고 PAC 강의를 직접 하면서 '취업 면접'의 구체적 솔루션들에 대해 고민하고 보완하게 되었습니다. 그 고민의 결과들을 이 책에 담았습니다. 그 뿐만 아니라 다양한 사례와 워크시트들을 넣어 PAC 교육 후에도 충분한 연습이 가능할 수 있도록 했고, PAC 교육에 참여하는 학습자뿐만 아니라 교육에 참여하지 않더라도 셀프스터디가 가능하도록 설계했습니다. 그리고 교수설계자로서 쌓아온 노하우를 더해 시각화 정보와 비주얼 씽킹 훈련 내용을 추가해 모범 답안을 암기하는 방식이 아닌, 자신의 스토리를 매력적으로 스토리텔링 할 수 있고 면접을 준비하면서 자연스럽게 문제해결력을 키울 수 있도록 기획했습니다.

이 책은 사실 필자의 사촌동생 또는 조카들, 그리고 그동안 만나온 청년들이 취업에 성공하길 바라는 마음에서 최대한 친절하게 코칭하듯 독자에게 다가가고자 했습니다. 이 책이 요즘 취업의 문턱 앞에서 한숨짓는 젊은 청춘들을 합격으로 안내하는 내비게이션이 되기를 기원합니다.

윤지연

"아 네… 음… 죄송합니다. 너무 긴장해서 생각이 잘 나지 않는데요…."

면접장은 평가하는 자와 평가받는 자 사이의 팽팽한 긴장감이 흐릅니다. 현장에서 면접을 진행하다 보면 작고 가는 목소리로 말을 더듬거나 어색한 미소로 웃고는 있으나 긴장감 때문에 목덜미까지 빨개진 지원자들을 종종 만나게 됩니다. 최대한 편안하게 평상시 실력을 발휘할 수 있도록 시종일관 미소를 지으면서 지원자의 눈을 맞춰주는데도 지원자들은 면접장에서 경직될 수밖에 없습니다.

NCS 채용은 면접 전형 이전에 자소서, NCS 직기초 및 직무 역량 필기시험까지 일련의 단계를 통과해야 합니다. 지원자들은 면접관 앞에 서기까지 정성을 들여 자기소개서를 작성하고 필기시험을 준비하느라 꽤 많은 노력의 시간을 거쳤을 것입니다. 그럼에도 불구하고 정작 당락을 결정짓는 면접에서는 긴장을 하게 되어 제대로 자기 실력을 발휘하지 못하는 지원자들이 많습니다. 자기소개서에 적어놓은 직무 관련 경험들을 설득력 있게 풀어내지 못하는 지원자들을 보며 안타까운 마음이 들었습니다.

블라인드 채용에서는 과거 채용의 중요한 기준이 되었던 출신학교, 학점 등을 배제하는 대신, 직무와 연관성이 있는 경력이나 경험들을 중요하게 여깁니다. 그렇기 때문에 면접에서 자신이 그러한 경험들을 통해서 관련 역량을 어떻게 개발했는지, 더 나아가

이 직무를 성공적으로 수행하는 데 얼마나 적합한지를 자신감 있게 보여줄 수 있어야 합니다. 지원자에게 가장 먼저 필요한 것은 겸손함이 묻어나는 자기 확신입니다. 세일즈맨 스스로 자기 제품이 별로라고 생각한다면, 어떤 고객도 그 제품을 사고 싶어 하지 않을 것입니다. 그동안 취업을 위해서 아무런 준비 없이 허랑방탕하게 살았다면 몰라도 그게 아니라면 그동안 스스로 기울였던 노력을 평가절하하지 말고 자신을 확신 있게 셀링해야 합니다. 물론 그렇다고 과도하게 힘이 들어가거나 천편일률적인 스토리를 달달 외워서 세련되게 풀어내는 것은 오히려 평가에 마이너스로 작용합니다. 우리 모두 자신만의 고유한 색깔과 강점으로 존재할 때, 제일 자연스럽고 가장 파워풀해질 수 있습니다. 내가 가진 콘텐츠를 소중히 여기고 그것을 어떻게 진정성 있게 풀어낼 것인가가 중요합니다.

자기 확신과 더불어 중요한 것은 기업과 직무에 대한 이해를 바탕으로 초점을 잘 맞추어야 한다는 것입니다. 유능한 세일즈맨은 역지사지에 뛰어납니다. 고객의 상황을 깊이 이해하기 때문에 고객의 문제를 해결할 수 있는 제품을 제안하고, 그 제품이 고객 사업에 어떻게 플러스가 되는지를 설득력 있게 전달합니다. 이처럼 지원자도 역지사지의 마인드가 필요합니다. 절박한 지원자의 심정에서 잠시 벗어나 그 기업, 희망 직무의 상사가 원하는 것, 필요한 것이 무엇인지 고민해보아야 합니다. 외부 면접위원으로 면접에 참여해서 내부 관리자나 임원들과 이야기를 나누다 보면 회사 내외부의 많은 도전들을 듣게 됩니다. 새로 추진하는 프로젝트를 무사히 잘 진행하려면 유능하고 책임감 있는 직원들이 필요하고, 작년 경영평가에서 문제로 지적된 고객 불만율을 낮추려면 고객 마인드가 투철한 직원들이 필요한 것이지요. 겉으로는 근엄하고 대단해 보이지만, 속을 들여다보면 그분들도 걱정이 많습니다. 면접관들도 조직 내에서 이런저런 어려움들을 느끼면서 일하는 직장인들이라고 생각하면 좀 더 마음이 편해지지 않을까요?

면접관들은 지원자들을 압박하고 긴장을 조장해서 멘붕 상태로 만들려는 의도가 없습니다. 다만 이 지원자가 이 직무를 해내는 데 필요한 자격과 경험을 열심히 쌓아왔는지 그런 경험을 토대로 예측하며, 함께 팀으로 일할 때 도움이 될 만한 사람인지를 알고 싶을 뿐입니다. 다만 짧은 시간 내에 누가 가장 적합한지를 가려내야만 하는 상황이기 때문에 지원자들로서는 자신을 제대로 보여줄 수 있는 전략과 연습이 필요한 것입니다.

물론 이게 말처럼 쉬운 일은 아닙니다. 20여 년 전, 취업을 앞두었던 당시를 돌아보면 필자도 참으로 막막했던 것 같습니다. 솔직히 점수 맞춰서 선택한 대학과 전공이었기 때문에 당시 진로에 대해서 여전히 명확한 그림을 갖고 있지 못했습니다. 그러다 보니 졸업은 다가오고 마음 한편에 불안감은 쌓여만 가는데 취업에 대한 계획은 희미했죠. 막연히 이 정도 규모나 수준의 회사에 들어갔으면 좋겠다는 생각뿐이었지, 어떤 회사에 입사해서 어떤 직무를 어떤 식으로 할 것인지에 대해서는 별 생각이 없었습니다. 그렇다고 교수님이나 선배님에게 선뜻 조언을 구할 용기도 내지 못했습니다. 지금은 인터넷상에서 그나마 정보를 찾기가 수월하지만, 당시에는 고작 또래들과 나누는 고만고만한 수준의 정보들이 전부였습니다.

첫 면접날 복용했던 우황청심환은 전혀 도움이 되지 않았고, 아련한 기억을 더듬어보면 근엄해 보였던 면접관 앞에서 엄청나게 땀만 흘리다가 온 것 같습니다. 한동안 면접 트라우마라고 할 정도로 면접이 두려웠습니다. 그 후, 정말 운 좋게도 우연히 입사하게 된 교육 회사에서 인생 Job을 발견하고 20년 넘게 사명감을 갖고 감사하며 일할 수 있었습니다.

만약 취업 루저로 고민할 그 당시, '친절하게 조언을 해주는 선배나 멘토가 있었다면 얼마나 좋았을까' 하는 생각이 들어서 이 책을 집필하게 되었습니다. 20여 년간 많은 기업의 관리자, 직원들을 대상으로 교육을 진행했고, 면접관으로서 기업의 입장에서 지원자를 평가했던 경험을 담으려고 노력했습니다.

참으로 쉽지 않은 취업 현장에서 우리 취준생들의 치열한 노력이 합격의 기쁨으로 꽃 피기를 바라는 마음을 담아봅니다.

김은주

CONTENTS

CONTENTS

PART 3.
상황 면접, 나만의 프레임으로 대비하라

PART 4.
토론 면접, 논리적인 협력형이 되어라

PART 5.
발표 면접, 논리와 스토리로 설득하라

PART 6.
이제 스피치 노하우로 성공 면접을 향해 비상하라

PART 1. Prologue

취업으로 가는 길, 내비게이션을 켜라!

선배님, 블라인드 면접이 뭔가요?

후배 : 어? 혹시 가은 선배님?

선배 : 어머! 너 창인이 아냐? 오랜만이다. 잘 지냈어?

후배 : 네…. 근데 선배님 회사가 이 근처세요?

선배 : 바로 옆 빌딩이야.

후배 : 와~ 부럽다…. 직장인 포스가 느껴지네요.

선배 : 포스는 무슨… 뭐 마실래? 내가 살게.

오창인 (26세, 남)
- K대학 4학년 1학기 경영학과 재학중
- 취업 준비 중

김가은 (28세, 남)
- K대학 회계학과 졸업
- ○○전자 재무팀 대리

선배 : 요즘 어떻게 지내?

후배 : 저 이제 4학년이잖아요. 학점 관리 하랴, 자격증 따랴, 취업 준비하랴, 할 게 너무 많아요.

선배 : 그렇구나. 벌써 졸업반이네! 스트레스 많이 받겠다.

후배: 그렇죠…. 저도 뭔가 열심히 하고는 있는데, 제대로 잘 하고 있는 솔직히 잘 모르겠어요.

선배 : 어떻게 하고 있는데?

후배 : 일단 영어 토익 시험 계속 보고 있고요, 한국사 자격증은 이번에 취득했고…. 몇 달 후에 전공 관련 자격증 시험이 있어서 그것도 준비하고 있어요. 그리고 동기가 추천해준 요즘 또 핫하다는 IT 자격증이 또 하나 있는데, 이름이 뭐였더라….

선배 : 그런데 가고 싶은 업종이나 기업은 정했어? 하고 싶은 직무는 뭔데?

후배 : 글쎄요. 잘 모르겠어요. 공기업에 들어가고 싶기는 한데, 요즘 경쟁률이 너무 높잖아요. 휴… 일단 어디든 들어가기만 했으면 좋겠어요.

선배 : 본인이 가고 싶은 기업과 직군을 정하는 게 제일 중요한데…. 사실 자격증도 거기에 맞아야 의미가 있는 거고….

후배 : 하지만 요즘 SKY 출신들도 취업이 어렵잖아요. 사실 저희 학교가 명문대도 아니고, 게다가 저는 문과라서 불리한 게 사실이잖아요. 그래서 일단 최대한 스펙부터 쌓아놓고 봐야 할 것 같아요.

선배 : 창인아, 요즘은 NCS를 기반으로 하는 블라인드 채용이 많아져서 보여주기 위한 자격증보다는 그동안 갖춘 경험이나 실력을 어필하는 게 중요해. 넌 학과 임원 활동도 많이 했고, 우리 동아리 활동하면서 프로젝트도 많이 했었잖아. 넌 역량 면접에서 어필할 경험들도 많을 것 같은데?

후배 : ???

선배 : 게다가 리더십도 있고 논리적으로 말도 잘하니까 상황 면접에서도 유리할 것 같고!

후배 : ???

선배 : 표정이 왜 그래?

후배 : 저, 선배…. NCS가 뭐고, 블라인드 채용이 뭐예요? 그리고 상황 면접? 역량 면접은 뭔가요?

선배 : 하하하, 창인아. 우선 취업 준비를 위해서 요즘 면접이 어떻게 진행되는지 그것부터 알아봐야겠다.

졸업한 같은 동아리의 선배를 얼마 전에 카페에서 만났습니다. 취업 준비를 어떻게 해야 할지 막막했는데, 오랜만에 선배를 만나 잘 됐다 싶더라고요. 그래서 자연스럽게 선배와 취업에 관련된 이야기를 나누게 되었는데, 이야기할수록 제가 모르는 것들이 너무 많더라고요. NCS라는 게 무엇인지도 모르겠고, 블라인드 채용이 구체적으로 무엇인지도 막연하고요. 그래서 선배와 헤어진 후, 인터넷으로 자료를 찾아봤는데 인터넷 자료들은 정보를 부분적으로 제공하고 있고 사이트마다 내용이 조금씩 달라서 오히려 헷갈렸습니다. 얼마 전 학교에서 제공하는 모의 면접도 해보았는데, 구체적 피드백이 아닌 추상적인 내용이라 모의 면접 후 마음이 더 답해졌습니다.

취업 준비, 무엇부터 어떻게 해야 하는 걸까요?

스펙 광풍의 시대는 가고 NCS의 시대가 도래했거늘…

학벌, 학점, 토익 점수, 자격증, 어학 연수의 취업 5종 세트로는 부족하다며 공모전, 인턴, 봉사, 성형까지 추가해서 취업 9종 세트로 무장해야 취업전선에서 웃을 수 있다는 말도 안 되는 이야기가 오갔습니다. 빨리 태어나 취업 시장에서 이런 어마어마한 경쟁 상황에 처하지 않은 것이 참 큰 복이다 싶을 정도로 취준생들이 취업을 위해 뛰어넘어야 할 허들은 끝없이 높아만 갔습니다. 하지만 몇 년 전부터 취업전선에 변화의 바람이 불어오기 시작했습니다. 요즘 취업에서 가장 중요한 키워드는 NCS와 블라인드 채용입니다. 학벌 중심에서 직무 중심으로, 다다익선 오바(Over) 스펙 대신 직무 수행에 적합한(Right) 스펙의 시대로 변화되고 있지요. 하지만 정작 취업을 준비하고 있는 대학생들은 NCS와 블라인드 채용의 도입 취지와 이유를 잘 모르는 경우가 많습니다.

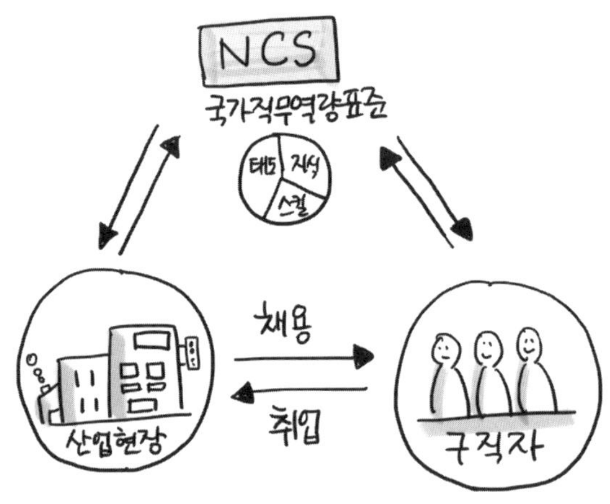

그러면 채용 시장의 트렌드를 한번 돌아보겠습니다. 그동안 기업들은 우수한 인재를 채용하기 위해서 주로 학벌, 학점 등 소위 말하는 스펙을 중시했습니다. 거기에 더해서 빡센 조직 생활을 잘 견뎌낼 수 있는 멘탈과 조직 적응력을 갖고 있는지를 평가하기 위해서 압박 면접이 유행했고, 이런 과정을 통해서 부적격자들을 걸러냈습니다. 하지만 문제는, 그렇게 채용한 고스펙 사원들에게 막상 일을 시켜보니 업무 성과가 그리 만족스럽지 않았다는 데 있었습니다. 한 조사 결과에 따르면, 출신 학교와 업무 성과와의 상관관계는 20% 미만이었다고 합니다. 게다가 모두가 입사하기를 꿈꾸는 대기업도 채용 후 1년 내 이직률이 25%에 육박하면서 무조건 고스펙 인재를 뽑기보다는 우리 회사와 그 직무에 적합한 인재를 뽑아야 한다는 문제의식이 생긴 것입니다.

그 뿐만 아니라 취준생의 입장에서도 치열한 취업 경쟁 속에서 살아남기 위해서는 뭐든지 일단 따고 보자는 심리 때문에 스펙 광풍이 일어났던 것이 사실이죠. 그래서 해외 봉사나 인턴 경험을 쌓기 위해서 졸업까지 미루면서 5학년, 6학년들이 늘어나는 기현상까지 생겼던 것입니다. 묻지마 스펙 쌓기로 인한 과도한 시간과 비용의 낭비가 사회적인 이슈로 대두된 것이죠.

이에 대한 대안이 바로 NCS 블라인드 채용입니다. NCS는 국가직무 능력 표준(National Competency Standards)의 약자로, 산업 현장에서 직무를 수행하는 데 요구되는 지식, 기술, 태도 등을 산업 분야별, 수준별로 국가가 체계화한 것입니다.

우리는 앞으로 직무 능력이라는 말을 많이 사용할 텐데 직무 능력이란, 입사 후에 내가 맡은 업무를 성공적으로 수행하는 데 필요한 실질적인 수행 능력을 의미합니다.

이제는 기업에서는 막연히 고학력·고스펙의 화려한 지원자보다는 우리 기업을 잘 이해하고 해당 직무를 맡겼을 때, 잘 해낼 수 있는 준비가 되어 있는 지원자를 채용하고자 하는 것입니다.

또한, 지원자 입장에서는 불안 심리 때문에 묻지마 스펙 쌓기에 매달리는 대신, 내가 희망하는 기업에 대한 이해를 바탕으로 희망 직무와 관련성이 높은 조건과 자격을 갖추는 데 집중할 수 있는 것입니다. 실제로 취업포탈 사이트 '사람인'의 설문을 보면 인사 담당자의 60%가 직무와 관련성이 떨어지는 스펙에 대해서는 가산점을 주지 않는다고 답했습니다.

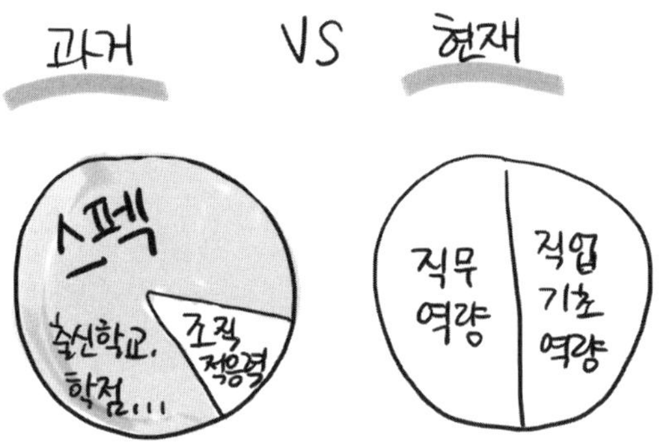

블라인드 면접이 뭐예요?

'블라인드'라는 단어는 가린다는 뜻이죠? 바로 직무 역량 중심으로 사람을 선발하는 데 방해가 되는 요소들을 가리는 것입니다. 그래서 블라인드 채용은 선입관, 편견을 유발할 수 있는 출신 학교, 성별, 출신 지역, 나이, 부모의 직업 등을 아예 가리고 더욱 공정하게 평가하겠다는 취지에서 시작된 것입니다. 그러한 정보를 기재하지 못하게 함으로써 지원자가 직무에 관련된 역량을 가지고 있는지에 초점을 맞추어 더욱 공정하게 평가하려는 목적이 있습니다.

그러나 실제로 학생들을 만나다 보면 이러한 채용 트렌드의 변화를 잘 모르고 여전히 스펙 쌓기에 집중하고 있는 경우가 많습니다. 실제로 취업포탈 사이트 '사람인'이 취준생을 상대로 한 조사를 보면 76.8%는 '블라인드 채용이 필요하다'고 답했지만, 실제로 블라인드 채용 전형을 준비하고 있다는 구직자는 26.7%에 그쳤습니다. 준비하지 않는 이유를 물었더니 응답자의 71%(복수 응답)가

'무엇을, 어떻게 준비해야 할지 몰라서'라고 답했습니다. 말하자면 스펙이 부족한 게 문제라면 스펙을 채우기 위한 노력을 더 하면 되는데, 블라인드라니 뭘 더 어떻게 해야 할지 몰라서 오히려 더 답답하다는 것이었습니다.

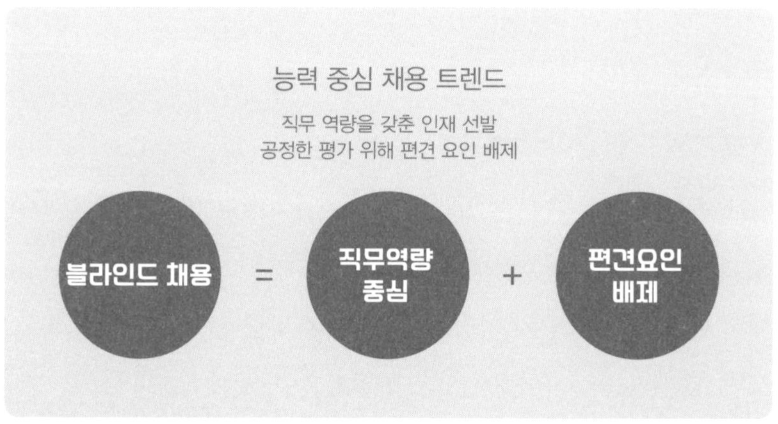

사실 직장 경험을 갖고 있지 않은 취준생 입장에서는 뭘 어떻게 준비해야 할지 막막하다고 생각할 수 있습니다. 경력자라면 이미 조직에 대한 경험이 있기 때문에 조금 다르겠지만, 신입이라면 자신의 강점을 어떻게 기업의 인사 담당자에게 어필해야 할지 감이 서지 않는 것이 당연합니다.

구인·구직이라는 거대한 시장에서 일개 지원자는 기업에 비해서 상대적으로 너무나 작은 존재로 느껴질 수밖에 없습니다. 특히 요즘 같은 취업난에 어디든 들어갔으면 좋겠다는 절박한 심정 때문에 '뽑아만 주신다면 열심히 일하겠다'는 심정이 되어버립니다. 하지만 채용이라는 것은 사람을 원하는(구인) 회사 측과 일을 원하는(구직) 지원자 간의 거래가 이루어지는 것입니다.

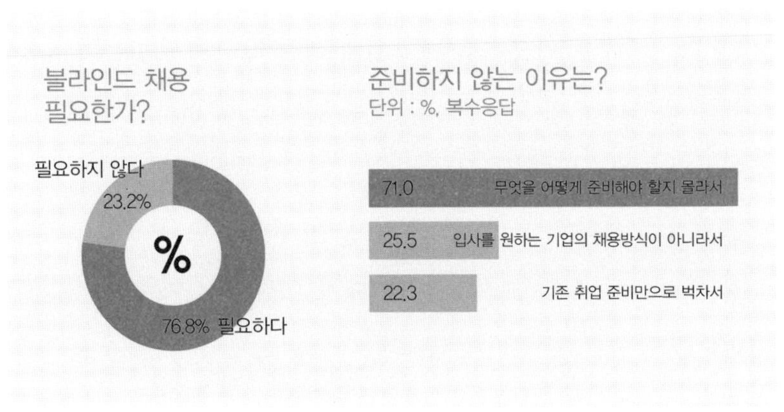

자료 : 사람인

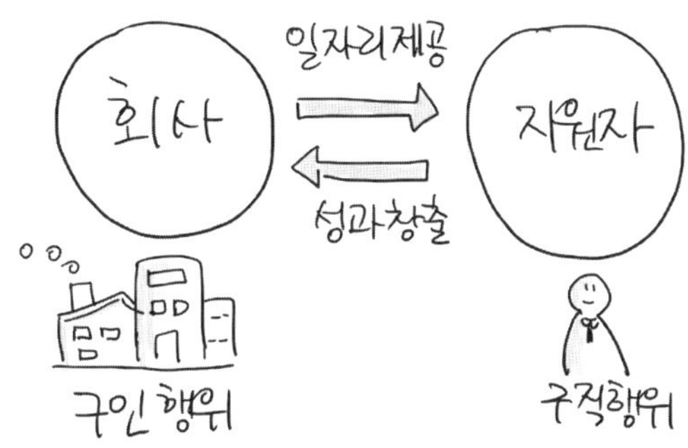

나라는 상품을 기업에 판매하는 세일즈를 하고 있는 것이죠. 기업에서 직원을 채용하는 것은 높은 취업난에 허덕이는 청년들을

구제하기 위해서 하는 것이 아닙니다. 자사가 가진 사업상의 목표, 기관의 목적을 달성하기 위해서 가장 중요한 경쟁력의 원천이 되는 인적 자원을 선발하기 위함입니다. 합리적인 거래는 상호간에 원하는 것을 얻을 수 있다고 판단될 때 이루어집니다. 세일즈맨이 내가 파는 상품이 고객사에게 어떤 이익을 제공할지, 어떤 문제를 해결하는 데 도움이 되는지를 설득할 수 없다면 거래는 이루어지기 어렵습니다.

지원자는 자신의 고객, 즉 기업이 뭘 원하는지, 무엇을 고민하는지를 알고 그것을 해소하는 데 내가 어떻게 기여할 수 있다고 면접관을 설득할 수 있어야 합니다.

결국, 그 기업이 어떤 비지니스를 하고 있고, 어떤 서비스를 제공하고 있으며, 구체적으로 내가 직무를 통해서 어떤 성과를 내야 하는지에 대한 이해 없이 무조건 스펙 리스트만 늘려나가는 것은 효과적인 준비라고 볼 수 없습니다.

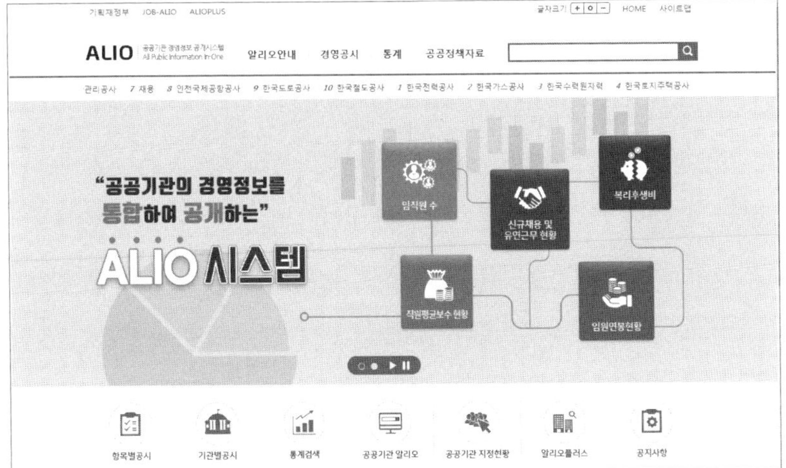

알리오 시스템 사이트

NCS 채용 사이트

블라인드 면접 어떻게 준비해야 하나?

직무 중심 채용의 공정성을 높이기 위한 블라인드 채용, 기업 입장에서는 어떤 고민이 있을까요? 수많은 입사지원자 중에서 누가 가장 적합한 인재인지 가려내는 데 과거에 비해서 정보가 적어지기 때문에 잘못하면 깜깜이 채용이 될 위험성이 있습니다. 면접관 입장에서는 과거 선발의 기준이었던 출신 학교, 학점, 외국어 점수 등의 정보가 배제된 상황에서 대체 뭘 보고 이 사람이 우리 회사에 적합한 인재인지 가려내라는 것인지 상당히 고민이 될 수밖에 없습니다. 그래서 블라인드 채용에서는 다양한 형태의 면접으로 정말 집요하게 지원자를 평가합니다. 체계적이고 구조화된 면접을 통해서 지원자의 직무 및 조직 적합도를 평가하도록 설계되어 있습니다.

그럼 먼저 공기업의 NCS 채용 프로세스부터 알아보겠습니다.

NCS 채용 프로세스

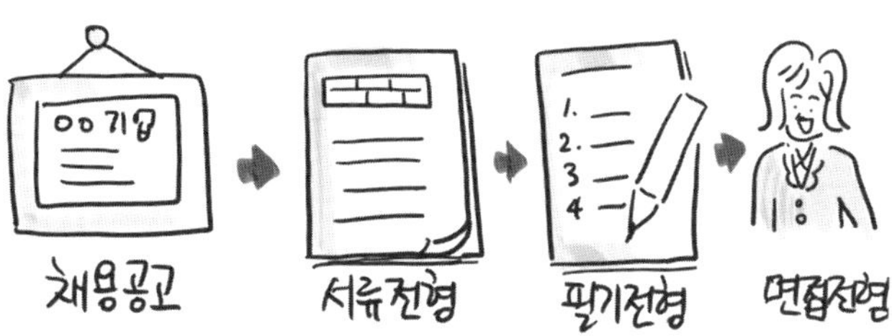

공기업은 채용 시 기업의 홈페이지와 알리오(www. alio.go.kr)에 채용 분야별로 구체적으로 어떤 스킬, 역량, 태도를 요구하는 직무인지 해당 직무에 대한 구체적인 설명을 기재합니다. 막연한 준비가 아니라 원하는 기업과 직무에 대해서 NCS 기반 정보 탐색부터 시작해야 합니다.

그다음 서류 전형인데, 과거와는 달리 직무와 무관한 인적사항에 대한 정보는 최소화하고 직무 관련 교육이나 자격, 경험 및 경력만을 기재해야 합니다. 자기소개서도 과거의 자전적 스토리텔링이 아니라 직무와 관련된 경험 위주로 작성해야 합니다.

그다음 단계는 필기 전형입니다. 직장인으로서 필요한 직업 기초 능력과 지원한 직무와 관련된 역량에 대한 문제들이 출제됩니다.

그리고 마지막 관문이 바로 면접 전형입니다. 과거에는 성장 배경, 장단점, 취미 등 직무와는 무관한 일상적 질문 위주의 구조화되지 않은 면접방식이었던 것에 반해 NCS 면접은 해당 직무에 관련된 역량을 가졌는지를 평가하기 위해서 매우 구조화되고 체계적인 접근을 하고 있습니다.

먼저 지원자의 과거 경험을 통해서 직업 기초 및 직무 역량을 가졌는지를 평가하는 역량 면접, 입사 후 닥칠 수 있는 상황에 어떻게 대응할 것인지 질문함으로써 지원자의 미래 행동을 예측하려는 상황 면접, 찬반 토론 상황에서 지원자의 모습을 관찰, 평가하는 토론 면접, 지원자의 문제해결력 및 발표력을 평가하는 발표 면접까지 다양한 형태로 이루어집니다.

이 책은 블라인드 채용의 후반부라 할 수 있는 면접 전형에 초

점을 맞추었습니다. NCS 블라인드 채용의 마지막 관문인 면접 상황은 녹화 방송이 아닌 생방송입니다. 서류 전형부터 NCS 채용을 체계적으로 준비해왔다 하더라도 면접에서 자신감 있게 자신의 역량을 보여주지 못한다면, 그간의 노력이 수포가 될 수 있습니다.

상황 면접부터 발표 면접까지 면접 형태별로 왜 이러한 면접을 하는지, 무엇을 평가하려고 하는지, 어떻게 준비해야 하는지 구체적인 방법과 사례를 통해서 제시했습니다. 면접 별로 답변하는 데 사용할 수 있는 기본 로직을 제시했기 때문에 다양한 질문에 응용할 수 있습니다. 인터넷이나 다른 책에 나와 있는 기출 문제와 모범답안을 기계적으로 외우는 것보다는 기본 틀을 가지고 적용해보는 것이 좋습니다. 그리고 마지막 파트는 스스로 연습할 수 있도록 실습 문제와 생각을 정리하는 시각화 도구를 제시했습니다.

그리고 아직 취준생들에게는 어려운 용어들을 사례와 함께 좀

더 쉽게 풀어내고, 시각화를 통해서 이해도와 가독성을 높이려고 노력했습니다.

중요한 것은 NCS 블라인드 채용은 전 공기업에 적용되고 있고, 민간기업에도 점점 더 빠르게 확대되고 있다는 것입니다. 이제 묻지마 스펙의 시대는 가고, 능력 채용의 시대가 왔습니다. 물론 스펙이 필요 없다는 것이 절대 아닙니다. 다만 그 스펙의 방향성이 중요한 것입니다. 내가 원하는 직무에 맞는 스펙이라야 의미가 있습니다. 그리고 중요한 것은 그러한 스펙을 쌓는 과정에서 얻은 성취의 경험들을 진정성 있게 풀어내고, 그러한 과정에서 개발한 역량을 면접이라는 매우 중압감이 높은 상황에서 자신감 있게 증명할 수 있어야 합니다. 물론 하루아침에 이러한 능력이 개발되는 것이 아닙니다. 철저한 자기 평가, 연습과 노력이 필요합니다.

'나는 스펙 빈자라서 어차피 안 돼'라며 포기하거나 혹은 '뽑아만 주신다면'의 막연한 접근법보다는 먼저 진로에 대한 방향성을 명확하게 정한 후, 자신감을 가지고 블라인드 면접에 대한 대비를 하나하나 차근차근 해나가면 됩니다. 그러면 블라인드 면접이라는 변화의 물결을 타고 직업의 바다로 활기찬 항해를 시작할 수 있을 것입니다.

PART 2.

역량 면접, 진정성 있는 나만의 스토리로 준비하라

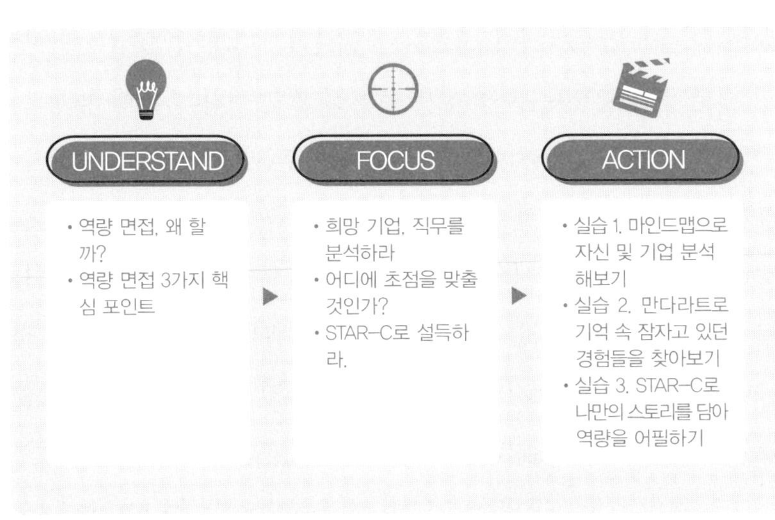

UNDERSTAND

1. 역량 면접의 목적

역량 면접, 왜 할까?

만약 오랜만에 친구가 주선해준 소개팅을 하게 되었다고 가정해봅시다. 아마도 오랜만에 생긴 기회를 잘 잡아야겠다는 각오로 최대한 신경을 써서 준비할 것입니다. 동네 슈퍼에 갈 때처럼 후줄근한 복장으로 소개팅에 나가는 사람은 없을 것입니다. 게다가 상대가 내 맘에 드는 스타일이라면 더욱더 상대의 호감을 얻기 위해서 자신의 단점보다는 장점을 어필하려고 노력할 것입니다. 당연한 일이긴 하지만, 첫 만남에서는 대개 거품과 포장이 끼게 마련입니다. 면접 상황에서도 마찬가지입니다. 지원자는 최대한 본인을 강점 위주로 어필하려고 노력합니다. 면접관에게 "저는 사실 낯을 많이 가리는 편이라 새로운 사람들하고 친해지는 게 좀 힘들고요. 성실한 편이긴 한데 새로운 일을 할 때는 불안감이 커서 적응하는 데 시간이 엄청 오래 걸려요"라며 과도한 솔직담백함을 보여주는 지원자는 없을 것입니다. 지원자는 자신이 새로운 일이 주어져도 겁내지 않는 진취성과 성취지향 마인드, 낯선 사람들과 쉽게 친해지며 잘 지내는 극강의 사교성과 진상 고객마저도 내 사람으로 만드는 대인관계 능력을 갖추고 있기에 귀사에 꼭 필요한 인재임을 주장하려고 할 것입니다.

하지만 내가 만약 면접관의 입장이라면 지원자 모두가 자신은 열정과 책임감이 뛰어나며, 소통을 잘하는 원만한 인재라고 주장하는 상황에서 어떻게 적임자를 가려내시겠습니까? 특히 블라인드 채용에서는 과거 선발 기준이 되었던 출신 학교, 학점, 외국어 점수 등의 정보를 기재할 수 없기 때문에 면접관 입장에서는 더욱 고민이 될 수밖에 없습니다. 실제로 현장에서 면접을 진행하다 보니 짧은 시간 동안 지원자에 대한 객관적 평가가 참 만만치 않다는 생각이 듭니다. 모든 공기업에 블라인드 채용이 정착되었고, 이제는 민간기업까지 확대되고 있는 상황에서 면접관에게는 궁예의 관심법이 필요한 상황이죠. 그래서 블라인드 채용에서는 좀 더 면밀하게 지원자의 주장이 사실인지, 단지 희망사항인지 검증하기 위해서 구조화된 면접 기법을 시행하는 것입니다.

그렇다면 면접관들은 역량 면접에서 어떻게 객관적으로 지원자를 평가할 수 있을까요? 바로 지원자가 과거에 어떻게 살아왔는지 삶의 궤적을 들여다보면, 어느 정도 판단할 수 있습니다. 면접관은 현재의 주장이나 미래에 대한 희망찬 포부를 믿는 것이 아니라, 과거 지원자가 어떻게 살아왔는지 그 삶의 경험을 토대로 지원자의 역량을 예측하는 것입니다

다음의 질문을 살펴봅시다.

만약 원하지 않는 직무가 배정된다면 어떻게 하겠습니까?

이러한 면접관의 질문에 "무슨 일이든 맡겨만 주신다면 최선을 다하겠습니다!"와 같은 기백 있는 포부보다는 다음과 같이 과거의 경험을 근거로 이야기를 풀어간다면, 좀 더 신뢰가 가지 않을까요?

역량 면접은 경험 면접이라고도 하는데 지원자의 과거 경험을 면밀하게 들여다봄으로써 현재 어떤 역량과 태도, 지식을 갖추고 있는지를 판단하고, 더 나아가 앞으로 우리 회사에 기여할 수 있는 인재인지 평가하려는 목적이 있습니다. 구조화된 질문을 통해서 지원자의 과거 경험을 구체적으로 듣고자 하는 것입니다.

그래서 언제 어디서 어떤 역할을 수행하면서 어떤 행동을 했고 어떤 성과를 얻게 되었는지를 구체적으로 전달하는 것이 중요합니다.

역량 면접, 3가지 핵심 포인트

그렇다면 역량 면접에서 주의해야 할 부분은 무엇일까요? 어디선가 들어본 듯한 남의 이야기를 'Copy + Paste'하는 것은 지양하자는 것입니다.

인터넷 환경의 축복으로 우리는 원하는 정보를 마치 수도꼭지에서 물을 얻듯이 사용할 수 있는 시대에 살고 있습니다. 그러다 보니 클릭 한 번으로 우리가 원하는 정보를 거의 무료에 가까운 비용으로 얻을 수 있습니다. 나와 비슷한 고민을 했던 누군가가 친절하게도 나에게 딱 필요한 정보를 인터넷에 올려놓았고(거의 편집이 필요 없을 정도로), 고민 없이도 쓸 수 있는 정보들이 많습니다. 자기소개서 모범 예제들을 복사와 붙이기(Copy + Paste)의 단축키 하나로 내 것처럼 만들 수 있는 시대에 사는 것이죠.

문제는 자소서의 내용이나 면접에서 나오는 이야기들이 상향 평준화가 되어서 비교가 어렵다는 것입니다. 그래서 어디선가 많이 들어본 듯한 대답을 그냥 외워서 하는 듯한 기계적인 느낌을 주는 지원자가 많습니다. 하나같이 군대에서 무공훈장을 받았다든가, 팀 프로젝트에서 리더로서 갈등을 해소했다든가(모두가 리더였다는데 팀원은 도대체 어디로 갔는지 알 수 없음), 인턴으로서 프로젝트를 성공적으로 진행했다든가(회장 손자가 실장으로 나오는 드라마가 아니라면 현실적으로 어렵다) 등입니다.

첫 번째 기억할 포인트!

어마어마한 스토리가 아니더라도 남 얘기가 아니라 소박하지만 살아 있는 나의 이야기를 전달하는 것이 더 좋은 인상을 줄 수 있습니다!

또 하나 기억할 부분은 실제 자신의 경험을 전달한다 하더라도 단순 팩트의 나열식 대답은 좋은 평가를 받기 어렵다는 것입니다. '5개국 배낭여행을 통해서 새로운 환경에 대한 적극성과 이 문화에 대한 오픈 마인드를 개발할 수 있었다' 등의 팩트의 나열은 아무런 감흥을 주지 못합니다. 종일 수십 명의 지원자로부터 비슷비슷한 얘기를 듣고 평가점수까지 차등해서 주어야 하는 면접관들의 입장에서 생각해본다면 무언가 차별화가 필요합니다. 만약 배낭여행에 가서 평상시 관심을 가졌던 기업에 방문했던 경험을 이야기한다면 좀 더 차별화할 수 있겠죠. 사전에 그 기업의 담당자에게 이메일을 보내서 예약하고 인사 담당자의 안내로 회사 탐방을 합니다. 그 후, 그 기업에서 어떻게 비지니스를 하고 고객들에게 어떻게 탁월한 서비스를 하는지 관찰하고 나서 느낀 점을 수업시간에 발표까지 했던 경험을 이야기한다면 단순히 해외여행을 다녀왔다는 것과는 좀 더 다른 인상을 남길 수 있을 것입니다. 팩트 자체는 감정을 불러일으키지 못합니다. 언제 어디서 누구와 무슨 일이 있었는지에 대한 구체적인 스토리가 필요합니다. 내가 가진 팩트에 감정을 입히는 스토리텔링방법을 다음 파트에서 다루도록 하겠습니다.

두 번째 포인트!

팩트 위주의 단순 나열 대신 팩트를 구체적인 스토리로 전달하라는 것입니다.

마지막으로 디테일한 스토리텔링으로 당시의 상황을 실감나게 전달했다 하더라도 초점이 어긋난 경우가 있습니다. 소개팅에서 금기시되는 이야기 소재 1위가 뭘까요? 군대 가서 축구 경기를 한 이야기가 아닐까 싶습니다. 군대처럼 고생스러웠던 상황은 대부분 기억에 깊이 각인되기 마련인데, 그 가운데 나름 즐거움과 성취감을 주었던 순간이라서 더욱더 기억에 남는지 모르겠습니다. 하지만 여자들 입장에서는 상대를 남자 친구 혹은 향후의 배우자로서의 적격성 여부를 판단하는 데 맥락이나 연결고리를 찾기가 어려운 정보라고 할 수 있습니다.

실제 면접에서 여자 친구와 대판 싸웠다가 극적으로 다시 화해한 스토리를 열심히 이야기한 지원자가 있었습니다. 달변이라 들으면서 재미는 있었지만, 대인관계 내지는 고객 서비스 역량으로 연결 짓기에는 거리가 너무 멀었습니다. 앞서 이야기했던 것처럼, 면접관은 이게 우리 회사와 이 직무와 어떤 관련이 있는지가 희박해지면 청산유수 달변가라 하더라도 좋은 점수를 주지 않을 것입니다.

세 번째 포인트!

필요 역량과 연결하기 어려운 소재 대신 직무 역량과 관련 있는 스토리를 제시해야합니다.

FOCUS

2. 역량 면접 대비하기

희망 기업, 직무를 분석하라

프러포즈에 성공하려면 무엇이 필요할까요? 자동차 트렁크에서 형형색색의 풍선이 하늘로 날아가는 '풍선 프러포즈', 건물 외관에 '난 이제 네 것이야' 등의 이벤트 현수막을 걸고 하는 '현수막 프러포즈', 촛불과 장미꽃으로 방을 가득 채워 분위기 한껏 살리는 '로맨틱 프러포즈' 등 다양한 방법이 있습니다. 하지만 이런 요란한 이벤트가 질색인 사람들도 있습니다. 둘만의 공간에서 꽃 한 송이를 건네며 조용히 귓속말로 고백하는 심심한 프러포즈를 선호하는 상대도 있을 것입니다.

프러포즈에 성공하려면 상대의 평상시 기호와 취향, 로망이 무엇인지, 상대가 무엇을 원하는지 알아야 하는 것처럼 면접도 마찬가지입니다. 면접의 성공 여부도 기획력이 좌우하는데, 무작정 열심히가 아니라 '누구에게 이야기할 것인가', 그렇다면 '무엇에 초점을 맞추어 강조할 것인가'에 대한 전략이 필요합니다. 역량 면접의 구체적인 'how to'를 논하기 이전에 프러포즈할 기업에서 내가 맡고 싶은 직무에 대한 면밀한 사전조사가 필요합니다. 해당 기업의 사업, 제공하는 서비스, 최근 주요 이슈, 기업의 핵심 가치 및 인재상, 희망 직무, 직무 요구 역량을 파악하는 것이 중요합니다.

희망 기업 및 직무 파악하기

면접을 진행하다 보면 면접관 간 평가에 다소 차이가 생길 때가 있습니다. 서로가 중요하게 생각하는 초점이 다르기 때문에 그렇겠지요. 하지만 누구나 감점을 주는 포인트는 동일하다는 것을 발견하게 됩니다. 명확하게 감정을 부르는 행동들은 미소가 없거나 성실해 보이지 않는 말투 등 태도와 관련된 부분입니다. 두 번째 감점 요인은, 지원자가 해당 기업이나 직무에 대한 이해가 전혀 안 된 상황에서 면접을 보러 왔다고 느껴질 때입니다. 사실 홈페이지 한 번 쭉 보고 온 듯한 가벼운 수준의 이해로는 면접관에게 좋은 점수를 받기 어렵습니다. 그렇다면 면접 전에 우리는 해당 기업에 대해서 무엇을 알아야 할까요?

아래의 질문에 답을 작성하면서 희망 기업과 직무에 대해 사전조사를 해보도록 하겠습니다.

면접 전 희망 기업 및 직무 분석

- 희망하는 기업은?
- 제품 및 서비스는?
- 최근 주요 이슈는?
- 기업의 핵심가치 혹은 인재상은?
- 내가 하고 싶은 일(직무)은?
- 어떤 업무인가?
- 예상 질문은?

면접 전, 희망 기업 및 직무 분석 - 사례 1

먼저 적어보고 일대일로 파트너와 대화를 나누어봅시다.

- 희망하는 기업은? – 한국전력거래소

- 제품 및 서비스는? – 전력 시장 운영, 전력 시스템 운영, 전력 수급 계획 및 총괄 지원
- 최근 주요 이슈는? – 전기차 등 전기 수요 증가에 대한 대비, 탈원전으로 인한 전력 수요 대응 등
- 기업의 핵심 가치 혹은 인재상은? – 신뢰, 도전, 공정성, 책임감
- 내가 하고 싶은 일(직무)은? – 인재 개발
- 어떤 업무인가? – 기업의 비전에 적합한 인재를 개발하기 위해서 인재상과 인재 개발 전략에 의거해 교육 기획, 성과 측정, 평가, 사후 관리를 수행하는 일
- 예상 질문은? – 우리 회사의 고객은 누구입니까?
  우리 회사에 대해서 친구에게 설명해보세요.
  탈원전의 영향과 대비책에 대해 설명해보세요.

희망 기업이나 기관을 조사할 때, 단순히 홈페이지나 채용 사이트에 있는 내용만 달달 외워가는 것으로는 부족합니다. 이해가 안 된 상태에서 그냥 암기해서 답변하다 보면 영혼 없는 문어체로 딱딱하게 답변을 하게 됩니다. 특히 BtoB 기업일 경우는 더욱 그렇습니다. 만약 내가 지원하는 기업이나 기관이 무슨 일을 하는 곳인지 초등학생에게 설명한다면, 어떻게 설명하시겠습니까? 기업의 핵심을 잘 알지 못하면 쉽게 설명하기 어렵습니다. 실제로 면접에서 던졌던 질문이었는데, 지원자가 해당 기업에 대한 이해를 얼마나 명확하게 하고 있는지 테스트할 수 있었습니다. 또 다른 사례를 들어보겠습니다.

면접 전, 희망 기업 및 직무 분석 - 사례 2

먼저 적어보고 일대일로 파트너와 대화를 나누어봅시다.

- 희망하는 기업은? – 한국 철도 공사
- 제품 및 서비스는? – 여객 수송(KTX, 일반 열차), 광역철도, 물류 운송, 자산 개발, 시설유지보수 등
- 최근 주요 이슈는? – 안전문화 정착을 위해서 신규 도입 및 장비 첨단화, 스마트 안전 관리 시스템 도입, 재무 건전성을 위한 수익사업 강화 및 경영 투명성 확보 등
- 기업의 핵심 가치 혹은 인재상은?

1) 핵심 가치 : 안전, 고객, 소통

2) 인재상 : 사람 지향 소통인, 고객 지향 전문인, 미래 지향 혁신인

– 사람 지향 소통인 : 사람 중심의 사고와 행동을 하는 인성, 열린 마인드로 주변과 소통하고 협력하는 인재

– 고객 지향 전문인 : 내외부 고객을 위해 지속적으로 학습하고 노력해 담당 분야의 전문성을 갖춘 인재

– 미래 지향 혁신인 : 코레일의 글로벌 경쟁력을 높이고 현실에 안주하지 않고 발전을 끊임없이 추구하는 인재

- 내가 하고 싶은 일(직무)은? – 마케팅 기획
- 주요 업무 – 조직의 중·장기 비전과 경영전략을 이해해 마케팅 목표를 수립하고 상품성, 시장성, 수익성, 안정성 평가를 통해 최적의 신사업 아이템을 선정해 실행방안을 수립함

왜 면접 전에 해당 기업에 대한 스터디가 필요할까요? 면접에 대한 두려움을 감소시키기 때문입니다. 면접 상황에서 긴장감이 심해지는 것은 일방적으로 평가당하고 있다는 생각 때문입니다. 수많은 지원자 중에서 나의 가치를 비교당하고 평가받고 있다는 생각이 드니 더욱 긴장하게 되는 것이죠. 그런데 관점을 바꿔서

그 기업에 대해 내가 도움을 주어야 하는 대상이라고 생각해보면 어떨까요? 그 기업의 제품이나 서비스를 공급받는 내외부 고객을 떠올려보고, 그들에게 더 좋은 상품과 서비스를 제공하는 데 지대한 관심이 있고 내가 가진 경험과 역량이 도움이 될 수 있다고 믿는 것입니다.

저는 우연히 교육 회사에 입사해서 교육 프로그램을 세일즈 하는 직무로 커리어를 처음 시작하게 되었습니다. 내성적이고 낯을 많이 가리는 성격인데다 세일즈라고는 해본 적이 없었지만, 일정 시간이 흐른 후 꽤 좋은 영업 성과를 낼 수 있었습니다. 돌아보니 초창기 세일즈의 두려움을 극복하도록 도와준 것은 2가지였는데, 첫 번째는 판매하는 교육 프로그램에 대한 확신이었고, 두 번째는 고객사의 상황에 대한 깊은 분석과 이해였습니다.

우리 프로그램이 얼마나 좋은지 나는 알고 있다 하더라도 고객의 상황을 모르면 우리 솔루션이 그들에게 왜 어떻게 좋은지를 그들의 언어로 설명하기 어렵기 때문입니다. 고객사가 처한 상황이나 문제에 대해서 더 깊이 공부하면 할수록 내가 무엇을 어떻게 도울 수 있을지 설득할 말이 떠올랐습니다. 그런 날은 두려움은 사라지고 오히려 미팅이 기다려졌습니다. 물론 그 전에 꼭 필요한 것은 고객에게 제시할 솔루션, 바로 나 자신의 경험과 역량이 지원 기업의 목표 달성에 도움이 될 것이라고 믿는 마음입니다.

무엇을 강조할 것인가?

앞서 말한 것처럼 역량 면접의 목적은 지원자의 과거 경험을 들어보고 입사 후에 기업이 원하는 역량을 발휘할 수 있을지를 예측하는 것입니다. 그럼 면접 상황에서 나는 어떤 경험을 보여줘야 할까요? 당연히 면접관에게 어필할 수 있는 경험을 선택해야 합니다. 면접관에게 어필할 수 있는 경험이란, 앞으로 회사 적응이나 직무 수행에 필요한 역량이 드러나는 경험들입니다. 크게 보면 첫번째, 내가 희망하는 직무과 직접 관련성이 높은 직무 역량과 두번째 직장인이라면 공통적으로 요구되는 직업 기초 역량, 이렇게 2가지로 구분할 수 있습니다. 먼저 직업 기초 능력부터 알아보겠습니다.

야구팀 감독이라면 선수를 선발할 때 무엇을 볼까요? 포지션마다 조금씩 다르겠지만, 타자든 투수든 공통으로 강인한 체력, 순발력, 민첩성, 야구 룰에 대한 지식, 동료들과 잘 소통하고 협력하는 능력 등이 될 것입니다.

NCS 직업 기초 능력 및 하위 능력

no	역량	정의
1	의사소통 능력	문서 이해, 문서 작성, 경청 능력, 의사표현력, 기초 외국어 능력
2	수리 능력	사칙연산과 기초적인 통계방법 이해, 도표 분석 및 도표를 통한 결과 제시 능력
3	대인관계 능력	팀워크, 리더십, 갈등 관리, 협상, 고객 서비스 능력
4	정보 능력	필요한 정보를 수집·분석 활용하고 이를 위한 컴퓨터 활용 능력
5	자기개발 능력	업무를 추진하는 데 스스로를 관리하고 개발하는 능력
6	문제해결 능력	창의적 사고력, 문제처리 능력
7	자원 관리 능력	시간 관리, 예산 관리, 물적 자원 관리, 인적 자원 관리 능력
8	기술 능력	직무를 수행하는 데 필요한 기술을 이해·선택·적용하는 능력
9	조직이해 능력	국제감각, 체제 이해, 경영 이해, 업무 이해의 능력
10	직업윤리	원만한 직업 생활을 위해 필요한 윤리, 태도, 매너, 직업관

직업 기초 능력과 관련된 나의 경험 정리하기

10가지 직업 기초 능력에 대한 이해를 바탕으로 이제는 자신의 경험을 탐색하는 것이 필요합니다.

지금까지 살아오면서 내가 경험했던 일 중에서 직업 기초 능력과 관련된 스토리를 정리해보는 것입니다. 인턴 경험, 팀 프로젝트 경험, 학회 활동, 동아리·동호회 활동 경험, 온라인 커뮤니티, 재능기부, 봉사 활동, 파트타임, 해외연수 경험을 일단 더듬어보고 그 경험을 통해서 얻었던 교훈이나 개발하게 된 역량을 적어봅시다.

NCS 직업 기초 능력 관련 경험

no	역량	정의
1	의사소통 능력	자신과 생각이 다른 사람을 설득했던 경험
2	수리 능력	문제해결을 위해서 분석력을 발휘했던 경험
3	대인관계 능력	• 공동의 목표를 위해서 함께 협업했던 경험 • 공동의 목표를 달성하는 과정에서 발생한 갈등을 잘 해결한 경험 • 리더로서 팀원들에게 목표를 공유, 동기부여하여 성과를 낸 경험 • 팀에서 의견을 조율하고 협상을 통해 결과를 이끌어낸 경험 • 고객의 불만을 잘 이해하고 효과적으로 해결한 경험
4	정보 능력	필요한 정보를 수집·분석 활용해서 목표를 달성한 경험
5	자기개발 능력	자기개발을 위해서 도전해 목표를 성취한 경험
6	문제해결 능력	해결하기 어려운 문제를 창의적인 방법으로 해결한 경험
7	자원 관리 능력	시간, 돈 등 한정된 자원을 잘 활용해서 목표를 성취한 경험
8	기술 능력	직무 수행에 필요한 지식, 기술을 습득하기 위해서 노력한 경험
9	조직이해 능력	지원기관의 비전, 가치, 사업을 이해하기 위해 노력한 경험
10	직업윤리	근면함, 성실함, 정직함을 발휘했던 경험, 봉사 활동 경험

한 대학에서 한국생산성 본부에서 주관하는 PAC(Presentation Ability Certificate)라는 과정을 진행할 때의 일입니다. 학생들에게 기초 직업 역량과 관련해서 자신의 경험들을 다 적어보게 했습니다. 그런데 한 학생이 딱히 기억나는 게 없다며 난감한 표정이었습니다. 자신은 교내 동아리 활동을 활발히 한 것도 아니고, 공모전 출전 경험처럼 특별히 내세울 만한 게 없다고 했습니다. 그래도 뭔가 있지 않겠느냐며 이런저런 질문을 하다가 아르바이트를 해본 적이 있는지를 물어보았습니다. 그랬더니 고모가 운영하는 와인

상점에서 몇 달간 일한 적이 있다고 했습니다. 옳다 싶어서 몇 가지 물어보니 꽤 흥미로운 스토리가 있었습니다.

당시 '김영란법'이 시행되어 가게 매출이 곤두박질쳤습니다. 주로 고객 선물용으로 주문하는 회사 고객들이 많았는데, '김영란법' 한파로 판매는 물론 아예 전화 문의도 끊어졌습니다. 파리만 날리는 상황에서 고모의 한숨이 늘어갈 즈음, '아, 이러다가 월급도 못 받을 것 같다'는 위기감에 아이디어를 고민하기 시작했습니다. 그래서 일단 5만 원 이하로 청렴 와인 세트로 브로셔를 다시 제작했습니다. 그리고 기존 고객들에게 발송했습니다. 또, SNS 마케팅을 잘하는 친구의 도움을 받아 페이스북, 인스타그램을 통해 새로운 상품 라인업을 홍보했습니다. 결과는 물론 성공이었고, 전년 대비 90%까지 매출을 회복했습니다. 다행히 월급 사수는 물론 감격한 고모께서 약간의 금일봉까지 챙겨주셨습니다.

그렇다면 위의 경험은 어떤 역량과 관련이 있을까요?

문제해결 능력(창의적으로 문제해결), 직업윤리(성실하게 역할 수행), 정보 능력(SNS를 활용한 업무 수행), 자원 관리 능력(한정된 자원으로 성과 창출) 등이 해당됩니다. 꼭 기초 직업 능력 범주의 딱딱한 용어가 아니더라도 창의성, 책임감, 문제해결 등의 역량을 발휘했던 경험이라고 겸손하지만 당당하게 전달하면 되는 것입니다. 어차피 신입사원이니 경력자처럼 대단한 업무 수행의 경험을 기대하는 것은 아닙니다. 지나친 겸양의 미덕이나 혹은 지나친 거품이 섞여서 어디선가 들어본 듯한 스토리보다는 아르바이트라도 자신만의 경험이 묻어나는 스토리면 좋습니다.

STAR-C로 나만의 스토리를 담아 역량을 어필하기

재료가 다 준비되었다면 이제는 그것을 썰고 다듬어서 맛있는 요리를 만들어야 할 때입니다. 재료만 좋다고 음식이 다 맛있는 것은 아니겠죠. 어떤 순서로, 어떤 방법으로 요리를 하느냐에 따라서 맛은 하늘과 땅 차이입니다. 내 경험이라는 재료의 맛을 최대한 살려줄 역량 면접 황금 레시피, STAR-C가 필요합니다.

STAR-C는 역량과 관련된 자신의 경험을 구체적으로 스토리텔링 함으로써 자신의 강점을 셀링하고 NCS 및 직무 역량과 연결시키는 것입니다.

스토리는 기본적으로 관심과 호기심을 유도해 듣는 사람을 집중시킵니다. 스토리는 청자의 공감을 불러일으키기 때문에 전달하는 사람(메신저)과 전달하고자 하는 내용(메시지)에 대한 호감을 유도합니다. 감정은 기억이 썩지 않게 하는 방부제와 같다고 하죠. 비슷비슷한 지원자의 답변 중에서 유독 면접관의 기억에 지워지지 않고 남는 것은 대개 지원자의 고민, 두려움, 열정, 도전, 성취감 등의 감정이 묻어 있는 스토리일 것입니다. 어떻게 하면 짧은 면접 중에 나의 주장이 면접관의 귀가 아니라 마음속으로 파고들게 할 것인가를 고민해보아야 합니다.

대부분의 관객을 사로잡는 영화에는 평범한 주인공이 온갖 어려움을 겪다가 결국은 모든 시련을 이겨내고 영웅으로 귀환하는 스토리가 담겨 있습니다. STAR-C도 기본적으로 그런 이야기의 구조를 갖고 있습니다. 대학 생활을 하면서 내가 어떻게 노력하고 도전하면서 어려움을 극복했는지, 작지만 진정성 있는 자신만의 스토리를 담고, 그러한 과정에서 어떠한 역량을 개발할 수 있었는지를 전달하는 것입니다.

감정 스토리텔링 STAR-C :
직무 역량과 관련된 경험을 구조화해서 전달하기

S	Situation(상황) : 언제, 어디서
T	Task(과제, 임무, 목표) : 제게 주어진 목표, 역할, 임무는…
A	Action(행동) : 그래서 저는…
R	Result(결과) : 결국… 제가 배운점은…
C	Competency(역량) : 그래서 …을 개발할 수 있었습니다.

- Situation(상황) : 3학년 때 공모전에 참여한 상황이라든가, 작년 겨울 ㅇㅇ연구소에서 인턴으로 일할 때라든가, 언제 어디서 있었던 일인지를 밝힙니다. 배경에 해당하는 부분이기 때문에 길지 않아야 합니다.
- Task(과제, 임무, 목표) : 모든 위대한 스토리가 그렇듯 시련이 시작되는 단계입니다. 해결해야 할 과제나 문제, 위기 요인이 발생하고, 그때 구체적으로 내가 맡은 역할은 무엇이었는지가 자연스럽게 드러나야 합니다. 인턴 시절, 사수의 갑작스러운 퇴사로 인해 대신 외부 협업 프로젝트에 참여해서 협력업체와의 소통 역할을 해야 했다던가 등입니다.

- Action(행동) : 그래서 나에게 주어진 역할을 수행하기 위해서, 문제를 해결하기 위해서, 어떤 노력을 기울였는지를 제시하는 부분입니다. 영화의 클라이맥스 부분에 해당하므로 이 부분이 가장 중요합니다. 당시 문제를 해결하기 위해서 노력하는 과정의 디테일이 드러나야 나름 절절했던 감정들이 전달될 것입니다.
- Result(결과, 교훈) : 노력한 결과, 어떤 성과를 얻게 되었는지 대단한 성과가 아니라 하더라도 그 경험을 통해서 얻게 된 통찰을 전달하면 좋습니다.
- Competency(역량) : 그러한 경험을 통해서 어떤 역량을 개발하게 되었는지를 정리하는 Summary(요약) 부분에 해당합니다. 직업 기초 능력에서 요구하는 자기 개발, 문제해결, 의사소통 등의 역량과 연결함으로써 해당 기업에 필요한 인재임을 다시 한번 강조하는 것입니다. 더 나아가 그러한 역량을 통해서 해당 기업이나 직무를 수행할 때 어떻게 기여할 것인지까지 제시한다면 금상첨화겠지요.

감정 스토리텔링 STAR-C : 사례 1
질문) 그동안 어려운 상황에 직면해서 포기하지 않고 문제를 해결했던 적이 있습니까?

S	명동역 근처 OO매장에서 작년 겨울 3개월간 아르바이트를 하게 되었습니다.
T	주말타임 근무자로 매장에 방문하는 고객들을 응대하고 제품을 판매하는 역할이었습니다.
A	그런데 당시 사드 배치 때문에 중국 방문객이 크게 줄면서 매출도 반으로 줄었습니다. 어떻게 매출을 올릴 수 있을까 고민하다가 동남아 관광객을 잡아야겠다는 생각이 들었습니다. 사장님께 허락을 받아 당시 인기 드라마 배우 간판도 준비하고, 필리핀 인사말도 달달 외워서 친절하게 인사하고 동남아의 습한 아열대 기후에 맞는 제품 위주로 배치하고 적극적으로 추천했습니다.
R	다행히 방문객 수는 줄었지만, 인당 구매 금액이 증가해서 전월 대비 매출이 30% 증가하게 되어 사장님도 기뻐하셨고 저도 성취감을 느꼈습니다.
C	저는 이 일을 통해서 문제해결 능력(고객 서비스, 의사소통, 책임감)을 개발할 수 있었습니다. 그리고 이러한 역량은 향후 기획업무를 수행하면서 닥칠 수 있는 문제를 적극적으로 해결하는 데 큰 도움이 될 것이라고 생각합니다.

감정 스토리텔링 STAR-C : 사례 2
질문) 그동안 속한 단체나 조직에서 리더십을 발휘한 적이 있었습니까?

S	2018년 여름에 참가한 OO공모전에서 한 팀원이 맡은 파트를 제대로 수행하지 않고 연락이 두절된 적이 있습니다.
T	제출 기한은 2일 뒤로 다가왔고, 팀장을 맡은 저는 제출 날짜에 맞춰 결과물을 반드시 제출해야 했습니다.

A

화도 나고 막막했지만, 제가 리더였기 때문에 결과물 제출을 완료할 수 있는 방법이 무엇인지 먼저 계획을 세웠습니다. 그리고 남은 부분을 각 팀원들이 가진 강점에 맞게 재분배했습니다. 갑자기 분량이 늘어나니까 불만을 토로하는 팀원도 있었고, 포기하자는 팀원도 있었지만, 논쟁하기보다는 먼저 공감해주면서 한 명, 한 명을 설득해나갔습니다.

R

결국 팀원들과 공모전 전날 새벽까지 밤을 꼬박 새워가면서 자료를 완성해서 제출할 수 있었습니다. 사실 결과는 아쉽게도 장려상을 받았지만, 그래도 팀이 함께 최선을 다했기 때문에 너무 뿌듯했습니다.

C

이 경험을 토대로 팀이 함께 노력하면 어려운 상황도 얼마든지 함께 헤쳐나갈 수 있다는 것을 배우게 되었습니다. 그리고 작지만 저의 리더십 역량을 개발할 수 있었다고 생각합니다.

ACTION

3. 역량 면접 셀프 가이드

마인드맵으로 자신 및 기업 분석 해보기

과거의 경험을 역량과 연결하기 위해서는 우선 자신의 의미 있는 경험들을 떠올려야 하는데, 그게 생각처럼 쉽지가 않습니다. 그래서 시각화 도구를 사용하면 자신의 과거 경험들을 머릿속에서 끄집어내 정리하기가 쉬워집니다. 그 뿐만 아니라 기업 분석을 할 때도 그 기업의 비지니스를 한눈에 보이도록 정리하는 데 도움이 됩니다. 우리가 보이는 물건은 정리할 수 있듯이 머릿속의 생각을 꺼내어 눈으로 볼 수 있다면 정리가 훨씬 쉽겠죠. 그렇다면, 우리의 생각을 눈에 보이도록 꺼내줄 시각화 도구는 무엇이 있을까요?

바로 마인드맵(Mind-map)을 추천합니다. 마인드맵은 '마인드(Mind)'와 '맵(Map)'의 합성어입니다. 즉, 머릿속의 생각을 지도처럼 확장해 표현하는 방법입니다. 이 과정에서 글, 이미지, 컬러 등의 시각적 자극을 사용해 머릿속의 다양한 개념들을 효과적으로 끄집어내 머릿속의 생각을 좀 더 넓고, 입체적으로 표현할 수 있습니다.

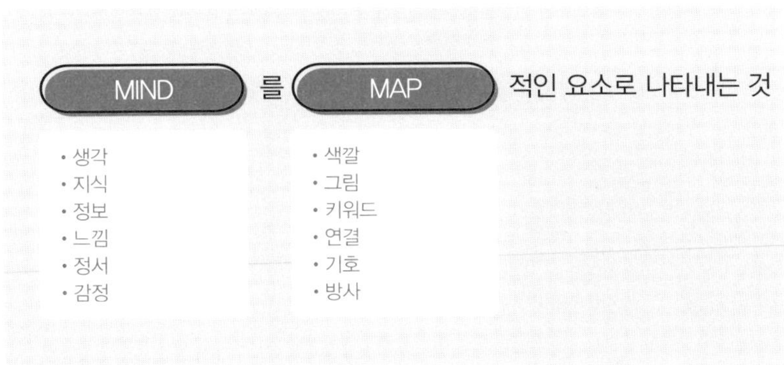

그렇다면 마인드맵은 어떻게 그려볼 수 있을까요? 우선 준비물과 간단한 규칙을 알아보겠습니다.

마인드맵의 준비물

마인드맵을 그리기 위한 준비물은 줄이 없는 종이와 색연필 또는 사인펜만 있으면 됩니다.

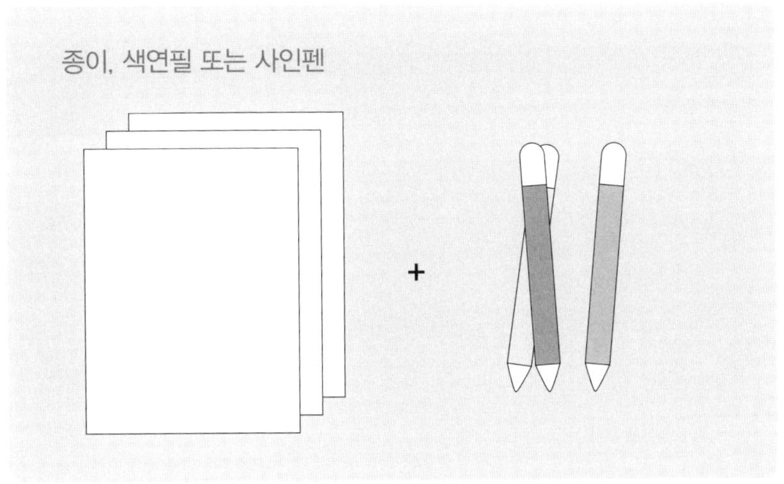

마인드맵의 규칙

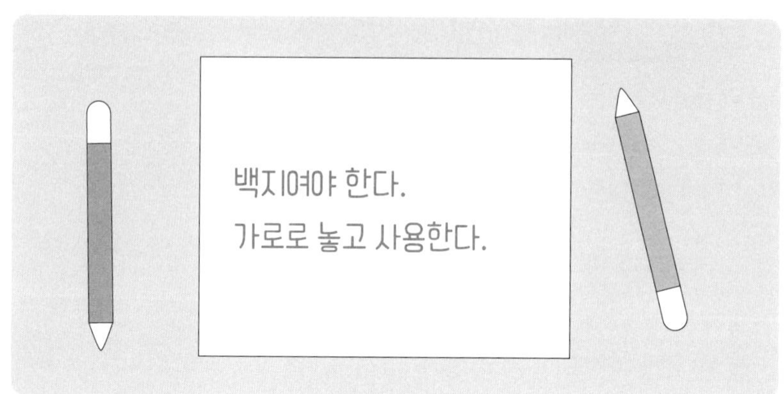

마인드맵을 그리기 위한 종이는 백지여야 하며, 가능한 한 아이디어를 방사형으로 펼치기 쉽도록 가로로 놓고 마인드맵을 그려나가는 것입니다.

TIP.

1. 가운데에 '취업'과 관련된 중심 이미지를 그리고 키워드를 적습니다.
2. 동아리, 전공, 아르바이트 등 세부 주제들을 정해 굵은 선으로 뻗어나갑니다(세부 주제는 각자 자신의 의식대로 정할 수 있음).
3. 세부 주제별로 같은 컬러로 뻗어나갑니다.
4. 공통된 내용끼리 같은 컬러로 ○ 또는 V로 체크해 공통점을 정리합니다.

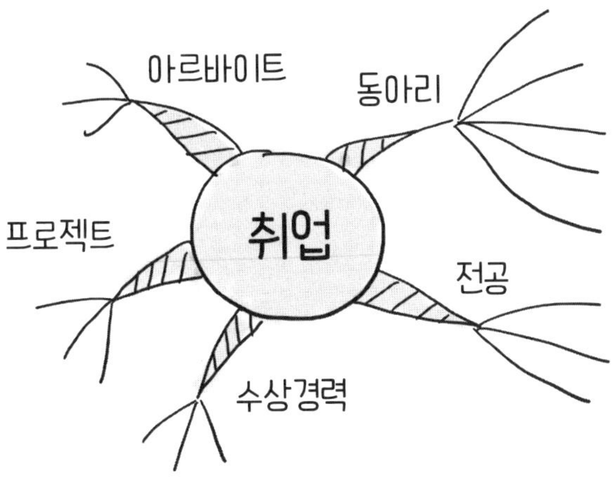

또한, 마인드맵 활동을 통해 지원하고자 하는 목표 기업에 대해 다음과 같이 다시 한번 마인드맵을 활용할 수도 있습니다.

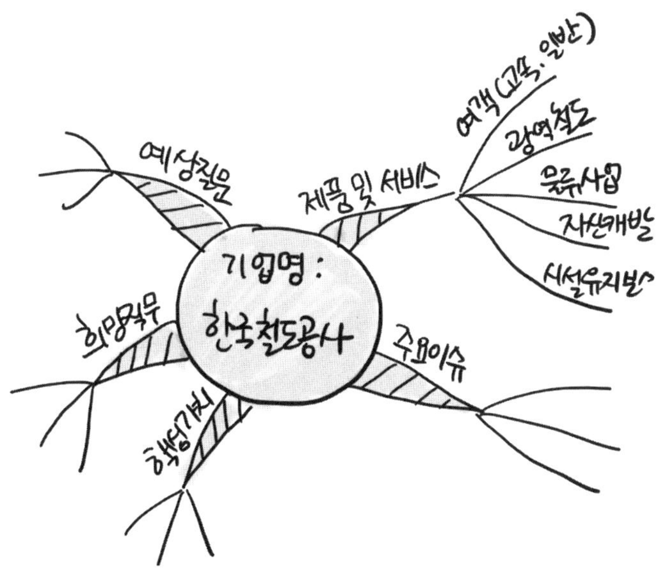

가운데 핵심 키워드에 희망 기업명을 쓰고 굵은 가지에 주요 항목들을 적은 다음, 항목별로 인터넷이나 서적 또는 기사 등 다양한 방법으로 정보를 수집해서 적어 넣는 것입니다.

만다라트로 기억 속 잠자고 있던 경험들 찾아보기

자신의 경험을 정리할 때, 또 다른 시각화 도구로 만다라트(Mandal-art)라는 기법이 있습니다. 만다라트는 아이디어를 확산하거나 정리할 때 쓰는 도구입니다. 전체적인 모양은 9칸으로 구성되어 있고, 9칸은 또다시 작은 9칸으로 세분됩니다.

중심 키워드에서 떠올린 키워드를 다시 중심 키워드로 삼아 무한히 발상을 뻗어나가는 방식입니다. 만다라트의 장점을 꼽자면 아이디어 발산이 쉽다는 것입니다. 우리의 뇌는 빈칸을 메우고 싶다는 기본적인 욕구가 있기 때문에 '이런 건 별로인가?' 하는 비판적인 좌뇌의 방해를 받지 않고 거침없이 아이디어를 쏟아낼 수 있다는 것입니다. 일본의 괴물 투수 오타니 쇼헤이가 썼다고 해서 더 유명해졌는데, 그는 젊은 나이에 메이저리그 신인 투수상을 받기까지 자신의 꿈을 이루기 위해서 빈틈없이 세부적인 목표를 만다라트에 세우고 적용해나갔다고 합니다.

TIP.

1. 정중앙 칸에 나의 경험이라고 주제를 쓰고 그 주변 8개의 칸에 카테고리를 적는다.

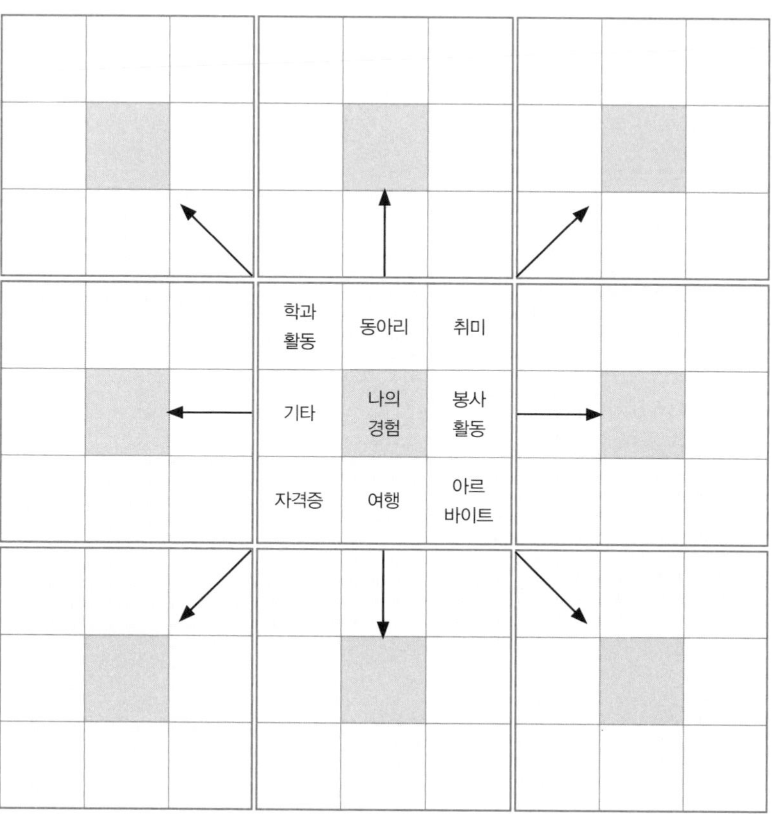

2. 그리고 카테고리를 8개의 주변 칸에 그대로 옮겨 적습니다.

	학과 활동			동아리			취미 교외활동	
			학과 활동	동아리	취미			
	기타		기타	나의 경험	봉사 활동		봉사 활동	
			자격증	여행	아르바이트			
	자격증			여행			아르바이트	

3. 그리고 다시 카테고리별로 그 주변의 8칸에 자신의 경험을 사소한 것이라도 빠짐없이 적어봅니다(이 단계에서는 비평가의 목소리는 제발 꺼둡시다). 최대한 많이 채워봅니다.

전공수업팀	졸업전시회	전시준비회	교내축제 참여	연합동아리 행사	동아리 총무 경험			
	학과 활동	온라인 서베이 실시		동아리	신입회원 모집 기획		취미 교외활동	
S기업 공모전 참여			학과 활동	동아리	취미			
	기타		기타	나의 경험	봉사 활동		봉사 활동	
			자격증	여행	아르바이트			
			50만 원 일본여행	인도 배낭여행				
	자격증			여행			아르바이트	

그 후에 Top 5 경험을 선택하고, NCS의 역량 중에서 어떤 역량과 관련이 있는지 적어봅니다.

이 만다라트는 성공 면접을 위해서 내가 준비해야 할 것을 카테고리로 정하고, 세부 목표를 적어보는 용도로도 활용할 수 있습니다. 다목적 재간둥이 만다라트를 다양하게 활용해서 취업 성공에 한 걸음 다가가보는 것은 어떨까요?

만약 앞에서 알아본 시각화 도구가 익숙하지 않아 어렵게 느껴진다면, 자신의 과거 경험과 역량을 탐색하는 방법으로 다음의 시트들을 활용해봅시다.

자신의 경험 Matrix

현재 3학년	1학기	여름방학	2학기	겨울방학
1학년				
2학년				
3학년				
4학년				

자신의 경험 Matrix – 예시

현재 3학년	1학기	여름방학	2학기	겨울방학
1학년	학과 생활 (축제기획)	동아리 공연 첫 해외여행	전공팀 과제 (OO과목)	베트남 해외 봉사 (프로그램 기획)
2학년	OO마트 알바 (상품 진열)	XX브랜드 공모전 (기획 및 PT)	전공팀 과제 (ㅁㅁ과목)	ㅁㅁ광고대행사 (데이터 입력)
3학년	학과 학생회 (신입생 OT)	aa브랜드 공모전 (기획 및 PT)	강의노트 작성 (학생 배포용)	국내여행 (내일로)
4학년				

직업 기초 능력과 관련된 경험 탐색하기

	나의 경험	해당 작업 기초 능력 및 직무 역량
경력 및 인턴		
팀 프로젝트		
학회		
동아리/동호회		
기타(온라인 커뮤니티, 재능 기부, 봉사 활동, 파트타임)		

실전 연습
질문1) 그동안 어려운 상황에 직면해서 포기하지 않고 문제를 해결했던 적이 있습니까? (문제해결 역량)

S

언제 어디서(학교 수업, 팀 프로젝트, 동아리, 인턴, 동호회, 온라인 커뮤니티, 봉사 활동)

T

나에게 주어진 임무(주어진 목표, 임무)

A

어떻게 행동했는지(나의 대응방안)

R

성과 및 교훈

C

역량과 연결

실전 연습
질문2) 그동안 속한 단체나 조직에서 리더십을 발휘한 적이 있었습니까? (리더십 역량)

S

언제 어디서(학교 수업, 팀 프로젝트, 동아리, 인턴, 동호회, 온라인 커뮤니티, 봉사 활동)

T

나에게 주어진 임무(주어진 목표, 임무)

A

어떻게 행동했는지(나의 대응방안)

R

성과 및 교훈

C

역량과 연결

실전 연습
질문3) 지원 분야와 관련해 전문성 향상을 위해서 어떤 노력을 해왔습니까?

S

언제 어디서(학교 수업, 팀 프로젝트, 동아리, 인턴, 동호회, 온라인 커뮤니티, 봉사 활동)

T

나에게 주어진 임무(주어진 목표, 임무)

A

어떻게 행동했는지(나의 대응방안)

R

성과 및 교훈

C

역량과 연결

PART 3.

상황 면접, 나만의 프레임으로 대비하라

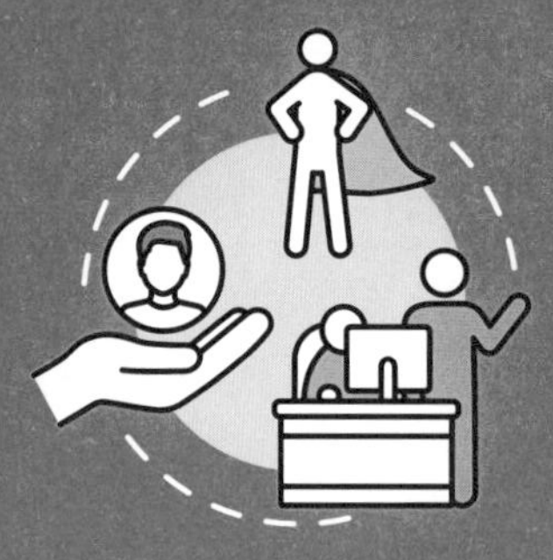

UNDERSTAND

- 상황 면접, 왜 할까?

FOCUS

- 무엇을 묻는 질문일까?
- 논리 프레임으로 대응하라

ACTION

- 실습 1. PREP 기법으로 논리성 갖추기
- 실습 2. Balance 기법으로 균형 맞추기

UNDERSTAND

1. 상황 면접의 목적

상황 면접, 왜 할까?

결혼하고 싶은 사람이 생겼다고 생각해봅시다. 결혼 전에는 모든 것이 아름다워 보이고 이젠 불행 끝, 행복 시작이라는 느낌이 듭니다. 하지만 눈에 콩깍지가 씌인 상태에서 그려보는 미래는 정확도가 상당히 떨어지기 마련이지요. 그래서 많은 인생 선배들이 결혼에 이르게 되는 가장 중요한 동인은 판단력의 부족 때문이라고 했던가요. 아무리 결혼 전에 변치 않는 절절한 사랑을 약속한다 해도 허니문이 끝나고 일상으로 돌아가 서로의 콩깍지 마법이 풀렸을 때 실제로 결혼 생활이 어떻게 펼쳐질지는 알 수가 없습니다.

어쨌든 호르몬의 작용으로 흐려진 판단력을 보완함으로써 콩깍지가 벗겨졌을 때의 후회를 최소화하기 위해서는 좀 더 다양한 질문을 던져서 결혼 후 상대의 행동을 예측해보는 노력이 필요합니다. 예를 들어, 만약 로또로 10억 원이 생긴다면 뭘 하고 싶은지 물어본다면 상대는 뭐라고 답할까요? 이때 당장 회사를 때려치우고 남태평양으로 떠나겠다는 상대보다는 여행 계획도 좋지만, 결혼 후 좀 더 쾌적한 보금자리를 꾸리기 위해서 집을 사는 데 보태겠다는 상대에게 좀 더 마음이 놓일지 모르겠습니다. 물론 전자가 더 맘에 든다는 분도 분명히 있겠지만, 이건 어디까지나 개인 취향에 달려 있습니다.

면접관도 마찬가지입니다. 면접관은 이 지원자가 우리 회사에 잘 맞는지, 이 업무를 잘 수행할 사람인지 알기 원할 것입니다. 그래서 될 수 있으면 오래오래 그만두지 않고 이 회사에서 일하면서 이바지할 수 있는 사람을 채용하려는 것입니다. 지금은 그 어떤 역경도 다 이겨낼 의지와 역량을 갖고 있다고 답하겠지만, 지원자의 미래 행동을 예측하기에는 부족합니다.

상황 면접의 목적은 미래에 발생할 수 있는 가상의 상황을 제시하고 지원자가 어떻게 행동할 것인가에 대한 답변을 통해서 지원자의 가치관, 역량을 좀 더 입체적으로 평가해 미래를 예측하려는 것입니다.

그렇다면 상황 면접은 역량(경험) 면접과 무엇이 다를까요?

역량(경험) 면접	상황 면접
지원자의 과거 경험으로 역량 예측	지원자의 행동으로 미래의 행동 예측
• NCS 직업 기초 역량 인지 • 기업의 인재상 인지 • 구체적인 스토리텔링이 중요 • 과거의 경험으로 미래의 행동을 예측	• 상황에 따라 다름 • 자신감 + 논리적 근거 • 질문 의도의 파악이 필요 • 가상의 상황에 대한 대응방안으로 미래의 행동을 예측

입사 후 겪을 수 있는 상황에 대해서 지원자가 어떻게 행동할 것인지를 듣습니다. 그것으로 지원자가 가진 가치관이나 의도를 파악함으로써 미래에 입사해서 우리 회사에 잘 적응하고 직무를 잘 수행할 인재인지 평가하고자 하는 것입니다. 사람의 가치관이나 태도, 신념은 잘 드러나지 않고 짧은 시간 동안에 그 진의를 파악하기 어렵지만, 행동은 훨씬 구체적입니다. 그리고 행동 아래에는 그 사람의 가치관, 태도, 성격, 신념 등이 녹아 있습니다. 물론 입사해서 말처럼 그렇게 행동할지는 모르겠지만, 구체적인 상황에 대한 행동을 평가하는 것은 훨씬 명확하고 효과적인 방법이니까요.

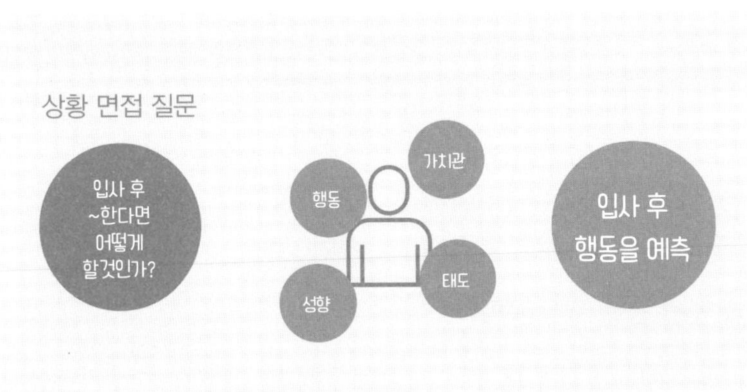

역량 면접이 과거의 경험을 통해서 지원자의 역량을 평가하는 것이라면, 상황 면접은 미래의 상황에 대한 대응을 통해서 지원자의 역량, 가치관, 태도, 마인드를 입체적으로 평가하는 것입니다. 신입사원 면접에서는 사실 역량 면접보다 상황 면접이 더 중요할 수도 있습니다. 왜냐하면, 신입사원의 경우 대부분 대학 생활 중의 경험들이라 경력 입사자에 비해서 직무를 수행한 경험이 충분하지 않아서 직무와의 관련성이 떨어지는 경우가 많아 경험 자체로는 깊은 인상을 주기가 어려울 수도 있습니다. 하지만 상황 면접의 경우에는 가상의 상황에 대해서 나름의 논리와 근거로 전달하는 것이기 때문에 잘 준비하면 나만의 차별화 포인트를 만들 수 있습니다. 특히 대학 생활 동안 특별한 경험을 쌓지 못했다면, 상황 면접을 잘 준비해서 가산점을 따봅시다.

FOCUS

2. 상황 면접 대비하기

무엇을 묻는 질문일까?

그럼 상황 면접에서 주로 나오는 질문을 유형별로 생각해봅시다. 물론 면접관이 '지금까지는 역량 면접이었고 이제부터는 상황 면접으로 가니까 준비하세요'라고 해주지는 않습니다. 역량 면접과 상황 면접이 대부분 섞여 있는 형태로 진행됩니다. 자기소개서에 있는 내용을 기반으로 과거의 경험을 심화해서 묻는 역량 면접 질문을 하다가 특정 상황에 대해서 어떻게 대응할 것인지를 묻는 상황 면접이 이어질 것입니다.

상황 면접의 질문은 다양하지만, 크게 보면 앞서 살펴본 직업 기초 능력과 관련된 질문과 직무 수행 능력과 관련된 질문으로 나눌 수 있습니다. 직업 기초 능력과 관련된 질문은 문제해결 능력, 조직 이해 능력 등이 요구되는 문제 상황을 제시하는 것이고, 직무 수행 능력과 관련된 질문은 기술적·업무적 지식, 기술이 요구되는 구체적인 상황을 제시해 지원자의 직무 역량 수준을 평가하고자 하는 것입니다.

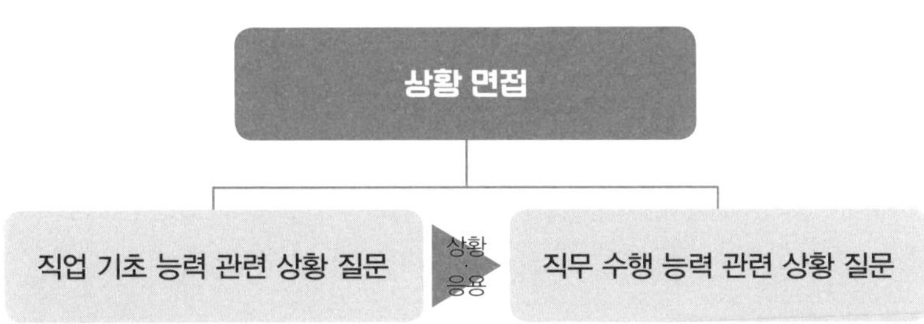

질문에는 어떤 역량을 평가하고 싶은지에 대한 면접관의 의도가 담겨 있습니다. 직업 기초 능력과 관련된 질문에 잘 대응하려면 먼저 그 능력이 무엇을 의미하는지 알아야 하고, 질문에서 제시된 문제를 해결하는 데 그 능력을 효과적으로 응용할 수 있어야 합니다. 그래서 상황 질문은 직업 기초 능력의 응용 심화 버전 질문이라고 할 수 있습니다. 예를 들어보겠습니다.

이 질문은 어떤 직업 기초 능력을 평가하기 위한 질문일까요?

바로 대인관계 능력 중 하위요소인 갈등 관리 및 리더십, 협상 능력을 평가하기 위한 질문입니다. 갈등 시 타인의 의견을 공감하고 경청하면서 갈등의 원인을 잘 파악해 상호 간에 만족할 만한 결과를 끌어냄으로써 상대에게 동기를 부여시키는 역량을 가졌는지 평가하는 것이지요.

NCS 직업 기초 능력 및 하위 능력

no	역량	정의
1	의사소통 능력	문서 이해, 문서 작성, 경청 능력, 의사표현력, 기초 외국어 능력
2	수리 능력	사칙연산과 기초적인 통계방법을 이해, 도표 분석 및 도표를 통한 결과 제시 능력
3	대인관계 능력	팀워크, 리더십, 갈등 관리, 협상, 고객 서비스 능력
4	정보 능력	필요한 정보를 수집·분석 활용하고 이를 위한 컴퓨터 활용 능력
5	자기개발 능력	업무를 추진하는 데 스스로를 관리하고 개발하는 능력
6	문제해결 능력	창의적 사고력, 문제처리 능력
7	자원 관리 능력	시간 관리, 예산 관리, 물적 자원 관리, 인적 자원 관리 능력
8	기술 능력	직무를 수행하는 데 필요한 기술을 이해·선택·적용하는 능력
9	조직이해 능력	국제감각, 체제 이해, 경영 이해, 업무 이해의 능력
10	직업윤리	원만한 직업 생활을 위해 필요한 윤리, 태도, 매너, 직업관

최근 노동부에서 주관해 한국기술교육대학교에서 서비스되는 'NCS 직업 기초 능력' 이러닝 프로그램의 내용 전문가로 참여한 적이 있습니다. 이때 가장 심혈을 기울인 부분은 각각의 역량이 무엇인지에 대한 기본 개념보다 그러한 역량을 구체적인 문제 상황

에서 어떻게 적용할 것인지에 대한 상황 제시와 이에 대한 조언 부분이었습니다. 그만큼 문제해결 능력, 대인관계 능력, 직업윤리의 개념과 이론을 이론적으로 이해한다고 해도 그것을 구체적인 문제 상황에서 어떻게 적용할 것인가는 고민이 필요한 부분입니다.

그렇다면 다음의 질문은 어떤 역량과 관련이 있는지 확인해봅시다.

Q : 사원으로 구성된 조직문화 혁신 TFT의 리더가 되어서 프로젝트를 진행해야 하는데 팀원들이 잘 협력하지 않는다면, 어떻게 하겠습니까?

조직은 다양한 구성원들이 함께 협력해서 목표를 달성해야 하는데 이해관계 충돌, 시간 및 자원의 부족, 성향 차이, 소통 부족 등으로 인해서 협력이 잘 이루어지지 않는 상황이 종종 발생합니다. 이 질문은 어떤 역량을 보고 싶은 것일까요?

앞의 사례와 마찬가지로 지원자가 대인관계 능력 중 팀워크, 리더십, 갈등 관리 등의 역량을 가졌는지 확인하고자 하는 질문에 해당합니다. 즉, 다양한 구성원들과 하나의 목표를 달성하기 위해서 소통하고 협력하면서 동료들에게 동기를 부여할 수 있는 능력이 있는지를 보고자 하는 것입니다.

A : 팀원들의 협력을 이끌어내기 위해서 먼저 팀원들과 대화를 나누면서 원인과 방법을 찾아보겠습니다. 팀원들이 프로젝트에 대해서 어떻게 생각하는지, 저의 리더십이나 팀의 운영방식에 대해서 불만은 없는지, 아니면 참여할 마음은 있는데 현실적으로 업무가 바빠서 그런 것은 아닌지를 묻고 허심탄회하게 경청하겠습니다. 그래서 만약 프로젝트에 대한 공감대가 잘 형성되어 있지 않다면 조직문화 혁신 TFT가 왜 중요한지, 우리에게 어떤 이익이 있는지를 다시 한번 강조하겠습니다. 팀의 운영방식에 대한 불만 때문에 생긴 문제라면 운영방식에 대해서 함께 토론하면서 더 좋은 방식을 찾아보고 적용하도록 노력하겠습니다. 만약 시간 부족 때문이라면 상사에게 현재 상황의 어려움을 이야기하고 해당 팀원

들이 이 TFT에 참여할 수 있는 시간을 낼 수 있도록 아이디어를 구하겠습니다. 그리고 프로젝트를 성공적으로 진행하는 데 팀원들 한 명, 한 명의 역할이 중요하다는 것을 느낄 수 있도록 팀원들에게 자주 감사함을 표현하고 격려하면서 프로젝트를 이끌어가도록 하겠습니다.

또 다른 사례를 볼까요? 다음 질문을 살펴봅시다.

Q : 생산라인에서 최근 불량률이 증가해서 생산비용이 올라가고 있는 상황입니다. 상사는 당신에게 이 문제를 해결하도록 지시했습니다. 어떻게 하시겠습니까?

이 질문은 어떤 역량을 보고 싶은 것일까요? 불량률 감소라는 목표를 달성하기 위해서 원인을 분석하고 문제를 해결하는 과정에서 정량적인 자료를 분석하는 능력을 보고자 하는 것입니다. 문제해결 능력, 수리 능력 등을 평가하고자 하는 질문이며, 체계적으로 문제의 원인을 분석하고, 이에 대한 대안을 찾는 데 데이터를 효과적으로 활용할 수 있는지에 관해 묻고자 한 것입니다. 이럴 땐 어떻게 답하면 좋을까요?

A : 일단 불량률이 높은 라인에 대해서 왜 불량이 증가했는지 최근 6

개월간의 데이터를 조사하고 분석하겠습니다. 그리고 현장 관리자와 직원들과 미팅을 하면서 원인을 찾도록 하겠습니다.
그래서 원인이 기계의 결함 때문인지, 원자재 불량 때문인지, 작업자들의 스킬 부족이나 실수 때문인지를 면밀히 검토한 후 가장 시급하고 중요한 원인이 무엇인지를 결정한 후에 상사에게 가능한 대안을 보고하겠습니다.

사실 긴장되는 면접 상황에서 그것도 즉시 대답을 해야 하는데 일일이 이 질문이 어떤 역량을 평가하고자 하는지, 그 역량의 핵심 요소가 무엇인지를 떠올리고 이에 맞추어 면접관의 마음에 쏙 들도록 대답을 하는 것은 쉬운 일은 아닙니다. 요즘 면접 관련 서적에서는 직업 기초 능력 및 질문과 답안이 제시된 경우가 많은데, 그 수많은 질문과 답변을 달달 외우는 것은 별로 추천하고 싶지 않습니다. 이유가 뭘까요? 그 많은 답변을 죄다 외우는 것이 현실적으로 쉽지 않을뿐더러 외워서 기계적으로 전달하는 답변은 진정성을 떨어뜨립니다. 게다가 모범답안으로 제시된 내용도 저자의 주관이 상당 부분 개입되어 있기에 면접관에 따라서는 모범답안이 아닐 수 있습니다. 세상에 답이 한 가지로 정해진 질문은 없으며, 문제를 해결하는 방법은 그 기업이 처한 상황이나 직무의 성격에 따라서 천차만별일 수 있기 때문입니다. 중요한 것은 면접관의 질문 의도를 잘 파악하고, 합리적인 답변을 하되 지원자 나름의 근거와 이유가 있어야 합니다. 맹목적인 암기는 부자연스러운 느낌을 주고 지원자의 진정성을 떨어뜨린다는 것을 잊지 마세요.

물론 취업 준비 과정에서 NCS의 직업 기초 능력이 무엇인지 이해하는 것은 중요합니다. 여러분이 이해한 NCS의 직업 기초 능력의 내용을 바탕으로 질문 상황에 대한 올바른 접근법을 머릿속에서 정리한 다음, 편안하고 자신감 있게 전달하는 것이 가장 중요합니다.

TIP. 상황 면접 준비 시 주의할 점

1. 무조건 면접 모범답안 외워서 따라 하지 말것
2. 자신의 견해를 근거와 함께 자신감있게 제시하기
3. 질문의 의도를 잘 파악한 뒤, 합리적 근거와 이유 제시

논리 프레임으로 대응하라(구조화해서 답하기)

일단 면접관이 질문에서 어떤 역량을 평가하려는 의도가 있는지를 파악해서 적합한 답변을 전달할 때, 좀 더 논리적으로 답변을 구조화할 수 있는 프레임이 있다면 도움이 될 것입니다. 그러나 아무리 내용이 좋아도 중구난방으로 답한다면 무슨 말을 하려는 것인지 이해도 잘 안 되고 설득력도 떨어지고 맙니다. 유용한

프레임을 몇 가지 가지고 있으면 어떤 질문이든지 좀 더 쉽고 효과적으로 답할 수 있습니다. 여러 가지 방법이 있지만, 상황 면접에서 쓸 수 있는 유용한 방법 2가지를 소개하겠습니다. 바로 PREP 기법과 Balance 기법입니다.

① PREP으로 논리성 갖추기

PREP은 자신의 의견이나 주장을 간결하고 명확하며 설득력 있게 전달하는 기법입니다. PREP은 Point(의견), Reason(이유), Evidence(근거), Point(의견)의 첫머리의 조합입니다. 먼저 자신의 의견을 명확하게 제시하고 의견에 대한 논리적인 이유와 구체적인 근거를 제시한 후에 다시 자신의 의견으로 결론짓는 방식입니다. 근거에는 자신의 경험이나 제삼자의 스토리, 혹은 통계수치와 같은 수치 정보, 비유, 유명인의 말을 인용하는 방법이 있습니다.

PREP : 효율적으로 설득하는 기술

Point(주장)	짧고 명료하게 결론을 제시
Reason(이유)	왜나하면으로 시작해서 이유를 제시
Evidence(근거)	근거를 제시(자신이나 타인의 사례, 통계적 수치, 비유, 인용)
Point(주장)	다시 결론을 강조

의견을 표현할 때 두괄식으로 요점부터 시작하면 어떤 이점이 있을까요? 좀 더 명확하고 간결하게 말할 수 있습니다. 짧은 시간 동안 자신의 역량을 보여줘야 하는 면접에서 중언부언 여러 가지 말로 핵심을 흐리는 것은 부정적인 이미지를 줄 수 있습니다. 그리고 '왜냐하면~'으로 시작해서 이유를 제시한 다음, 증거까지 설득력있게 제시된다면 좋겠지요.

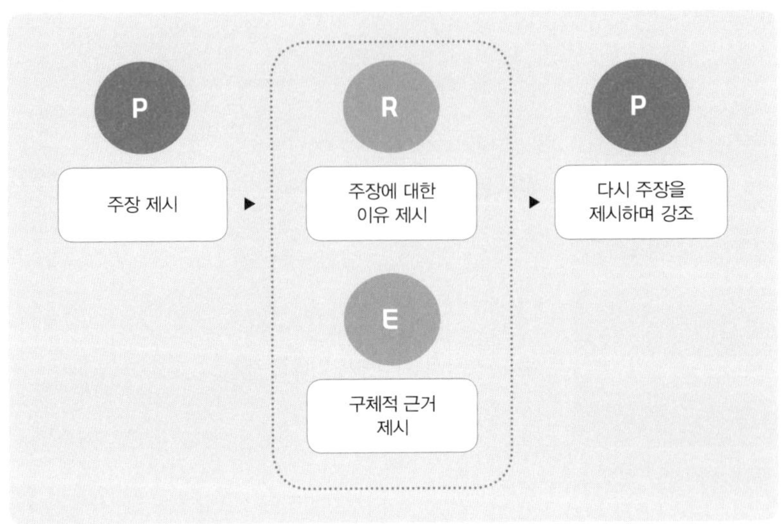

예를 들면, 이런 질문을 받았다고 가정해봅시다.

만약 자신의 거의 동일한 수준의 업무를 하고 있는 동료가 자신보다 더 많은 연봉을 받고 있다는 사실을 알게 된다면 어떻게 하시겠습니까?

이때 "돈은 그렇게 중요한 요소가 아니라고 생각합니다. 회사가 그렇게 결정한 것에는 이유가 있을 것으로 믿기 때문에 상사가 알아주실 때까지 더욱더 묵묵히 일하겠습니다"라고 대답하면 어떨까요? 좋은 이미지를 주고 싶어서 위의 같이 답변한다면, 면접관은 지원자의 답변에서 진정성을 느끼기 어려울 것입니다. 몸소 무소

유의 정신을 실천하고 있는 지원자가 아니라면 말입니다.

그렇다면 지원자가 다음과 같이 PREP을 활용해 대답한다면 어떨까요? 여러분이 면접관이 되어 다음의 내용을 들어보세요.

Point(주장)	저는 팀장님께 연봉 인상을 요청하겠습니다. 물론 먼저 팀장님께 정중하게 이 사실에 대해서 말씀드린 후 제가 이해한 것이 맞는지 여쭈어보겠습니다. 만약 맞다고 하신다면, 연봉 인상이 가능한지 요청드리고 앞으로 제가 어떻게 팀에 기여할 것인지를 말씀드리겠습니다.
Reason(이유)	왜냐하면 그냥 묵묵히 참고 일한다면 결국은 저의 근무 의욕에 좋지 않은 영향을 미칠 것이기 때문에 솔직하게 소통하는 것이 더 좋다고 생각합니다.
Evidence(근거)	예전에 제가 인턴으로 일할 때 동료들과 함께 대규모 고객 설문조사를 진행한 적이 있습니다. 여러 가지 사정상 다른 팀원들에 비해서 과도하게 많은 업무를 맡게 되었습니다. 성향상 힘이 들어도 참고 일하는 스타일이다 보니 열심히 해서 설문 조사는 마무리되었지만, 나중에는 저도 너무 지치고 업무 완성도에도 다소 아쉬움이 있었습니다. 그래서 무조건 참을 것이 아니라 상사에게 솔직히 상황을 이야기하고 도움을 받는 것이 필요하다는 것을 깨달았습니다.
Point(주장)	그래서 팀장님께 제 생각을 정중하고 솔직하게 말씀드리도록 하겠습니다. 그렇게 되면 좀더 몰입하면서 일할 수 있을 것이고 팀에 더 많은 기여를 하기 위해서 노력할 것이라고 생각합니다.

물론 위의 답변이 꼭 정답은 아닐 수 있습니다. 앞에서 언급한 것처럼 세상에 한 가지 정답은 없습니다. 중요한 것은 자신의 주장에 나름의 논리와 근거가 있으면 면접관에게 긍정적인 평가를 받을 수 있습니다. 물론 주장에 대한 논리가 기업의 입장에서 볼 때 상식적이고 합리적이어야 하겠지요. 예전처럼 무조건 상사에게 충성하거나 조직이나 성과를 위해서 개인의 삶을 희생할 것을 강

요하는 조직은 많지 않습니다. 자신의 의견을 밝히되 회사가 추구하는 성과나 팀워크와 개인의 욕구나 관점 사이에 건강한 균형을 담고자 하는 솔직한 답변이 훨씬 더 좋습니다.

② Balance 기법으로 균형 맞추기

상황 면접 질문 중에는 옳고 그름의 가치 판단이 어려운 딜레마 상황에 대한 질문들이 많이 있습니다. 조직에서 발생하는 일들은 자연과학의 상황들처럼 답이 딱 떨어지지 않는 문제들이 많습니다. 물론 원칙은 있되 처한 상황에 따라서 유연성을 발휘해야 합니다. 그래서 조직 내에서 다양한 사람들과 많은 변수 속에서 효과적으로 일하려면 복잡한 상황을 좀 더 유연하게 들여다보고 상반되는 사람들의 입장을 역지사지하는 마인드가 필요한 것입니다. 그래서 한쪽 측면에 치우치지 않고 양극단의 장단점을 고려해서 답변해야 할 때 유용한 방법이 바로 Balance 기법입니다. 2가지 상반되는 양쪽의 측면을 충분히 검토한 뒤, 자신만의 새로운 대안을 제시하는 방법입니다. 상반되는 2가지 측면의 각각의 장단점을 비교한 후, 장점은 살리고 단점은 보완하는 중도의 해결책을 내놓는 방법도 있고, 혹은 2가지 측면을 비교해 저울질한 후, 상대적으로 좀 더 장점이 큰 쪽으로 답변하면서 보완책을 제시해 상대를 이해시키는 방법도 있습니다. 양쪽 측면에 대한 충분한 분석이 중요합니다. 그리고 현실성 있고 문제해결에 도움이 될

Balance 관점의 참신한 대안 제시가 포인트라고 할 수 있습니다. 즉, Balance 기법이란 한쪽으로 치우친 단호하지만 좁은 관점이 아닌, 상반되는 양극단의 측면을 모두 고려해 균형감각을 보여주는 대안을 말하는 것입니다.

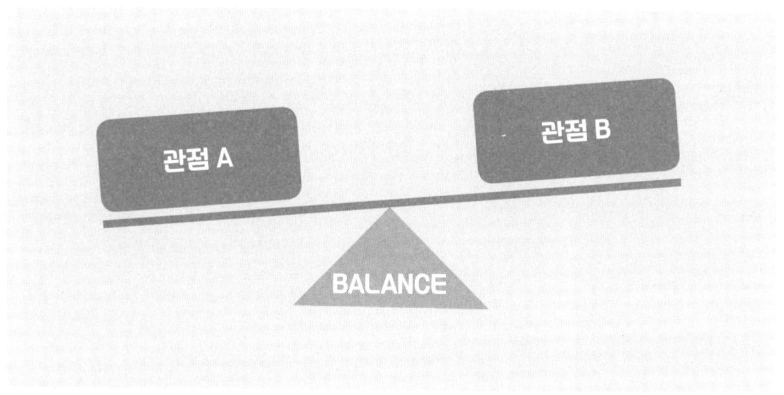

예를 들어 살펴봅시다.

중요한 고객사로부터 갑자기 납기를 일주일 당겨달라는 연락이 왔습니다. 공장에 확인해보니 생산 스케쥴 때문에 일주일 앞당기는 것은 불가능하다고 합니다. 고객사 담당자는 즉각적인 답을 요구할 때 당신이라면 어떻게 하시겠습니까?

이 질문에 여러분이라면 어떻게 대답하시겠습니까? 이런 경우는 방금 말씀드린 Balance 기법으로 대답하면 좋겠습니다. 여러 분도 면접관이 되어 다음의 내용을 들어보세요.

관점 A (한 쪽 관점)	즉각적으로 고객의 요구사항을 들어주게 되면 고객사와 지속적인 비즈니스관계를 유지할 수 있을 것입니다. 하지만 무리하게 우리 쪽에서 공정을 가동하다 보면 제품에 불량이 발생할 수 있고, 생산인력의 추가 근무로 인해서 생산비용이 증가해서 수익률이 떨어질 수 있습니다.
관점 B (반대 쪽 관점)	만약 고객의 요구사항을 거절하게 되면 기존 생산 스케쥴을 유지하면서 추가비용 없이 안정적으로 부품을 공급할 수 있습니다. 하지만 우리 제품이 대체불가능한 부품이 아니라면 고객과의 관계에 문제가 생기고 비즈니스관계가 끊어질 수도 있습니다. 회사로서는 중요한 고객사이기 때문에 향후에 우리 회사의 매출에도 심각한 문제가 생길 것입니다.
Balance (절충안)	그래서 저는 즉각적으로 고객의 요구를 수용하는 대신 일단 고객사를 찾아가 이렇게 말하겠습니다. 고객사의 요구사항을 수용하고 싶지만 납기를 맞추기 위해서는 추가적으로 인력을 고용하거나 연장근무를 해야 하기 때문에 생산비용이 올라갈 수밖에 없다는 사실을 전달하겠습니다. 그래서 납품단가를 인상하거나 혹은 물류나 결제 조건 변경 등이 필요함을 설명하고 협조를 요청하겠습니다. 불량 없이 양질의 부품을 기간 내에 납품하기 위해서는 양자 간에 긍정적인 파트너십이 필요하다는 사실을 강조하면서 고객사 담당자를 설득해보겠습니다.

ACTION

3. 상황 면접 셀프 가이드

PREP 기법으로 논리성 갖추기

다음의 질문들을 보면서 연습하는 시간을 가져볼까요? 우선 질문의 의도를 파악해 사고의 시각화를 통해 자신이 이야기할 내용을 PREP에 맞춰 간단하게 살펴본 후, 마지막으로 완성된 문장을 정리해보세요.

질문 사례 1.

프로젝트를 진행하는 과정에서 선배가 회사의 규정과는 배치되는 업무를 지시할 경우, 어떻게 대처할 것인가요?

Step 1. 사고의 시각화

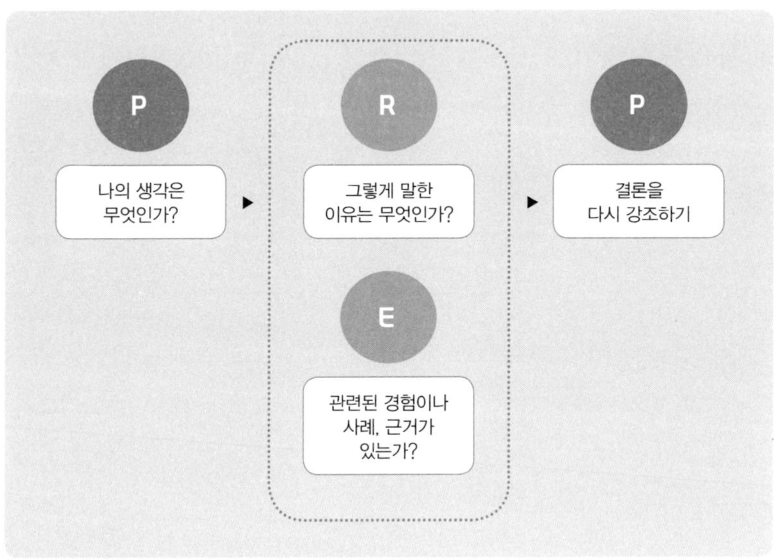

Step 2. PREP 기법으로 답변

여러분이 직접 작성해보세요.

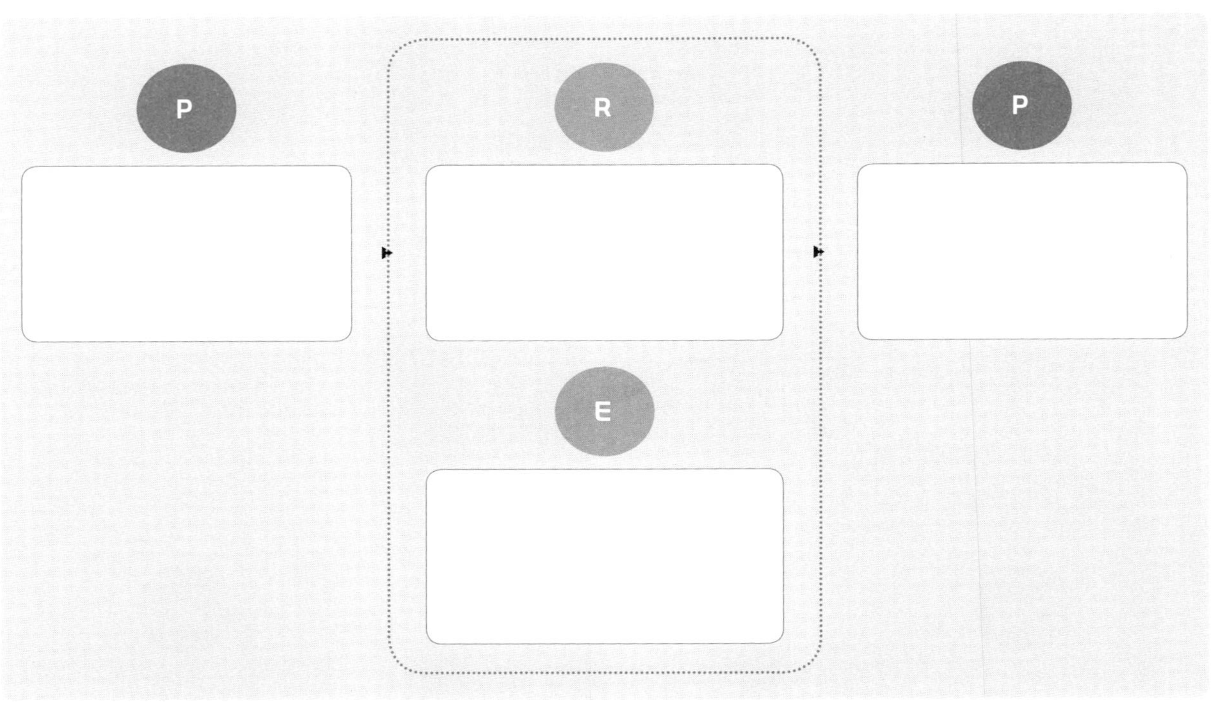

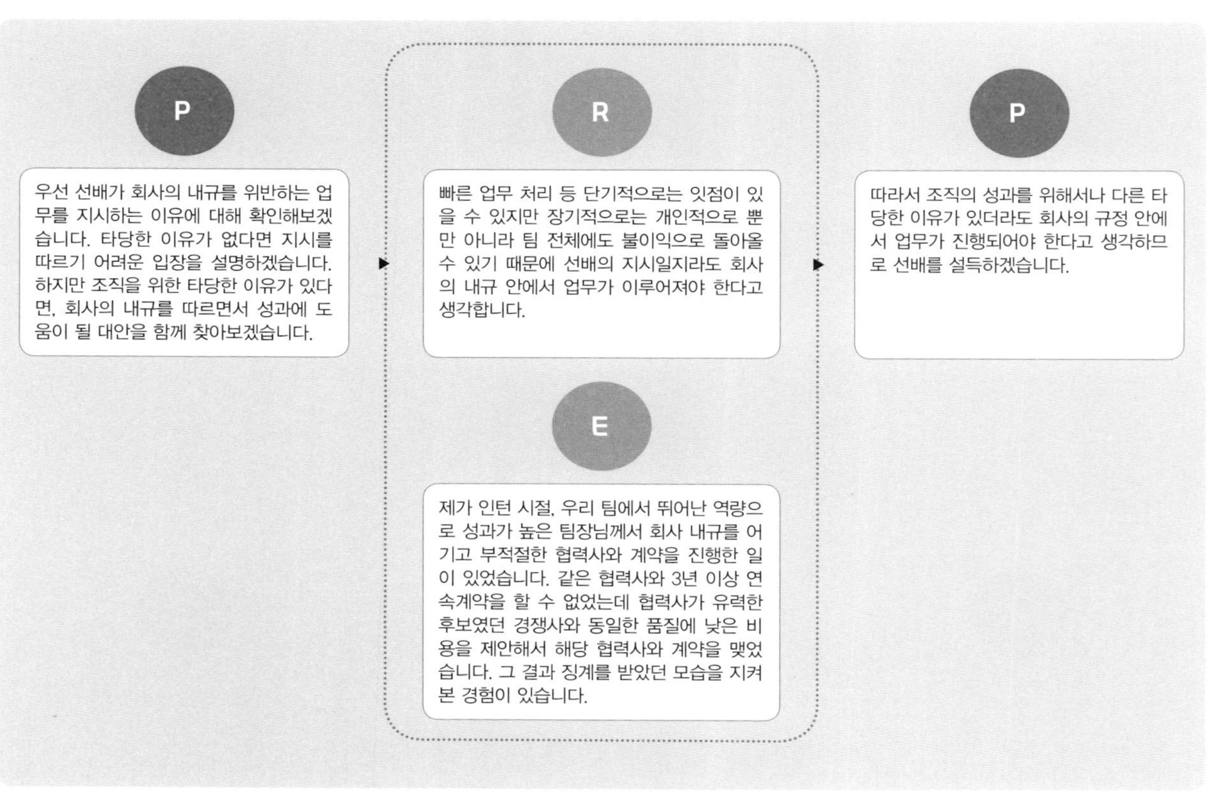
P
우선 선배가 회사의 내규를 위반하는 업무를 지시하는 이유에 대해 확인해보겠습니다. 타당한 이유가 없다면 지시를 따르기 어려운 입장을 설명하겠습니다. 하지만 조직을 위한 타당한 이유가 있다면, 회사의 내규를 따르면서 성과에 도움이 될 대안을 함께 찾아보겠습니다.
R
빠른 업무 처리 등 단기적으로는 잇점이 있을 수 있지만 장기적으로는 개인적으로 뿐만 아니라 팀 전체에도 불이익으로 돌아올 수 있기 때문에 선배의 지시일지라도 회사의 내규 안에서 업무가 이루어져야 한다고 생각합니다.
E
제가 인턴 시절, 우리 팀에서 뛰어난 역량으로 성과가 높은 팀장님께서 회사 내규를 어기고 부적절한 협력사와 계약을 진행한 일이 있었습니다. 같은 협력사와 3년 이상 연속계약을 할 수 없었는데 협력사가 유력한 후보였던 경쟁사와 동일한 품질에 낮은 비용을 제안해서 해당 협력사와 계약을 맺었습니다. 그 결과 징계를 받았던 모습을 지켜본 경험이 있습니다.
P
따라서 조직의 성과를 위해서나 다른 타당한 이유가 있더라도 회사의 규정 안에서 업무가 진행되어야 한다고 생각하므로 선배를 설득하겠습니다.

질문 사례 2.

동아리에서 1박 2일 MT를 기획하고 있습니다.
MT 장소 중 계곡과 바다로 의견이 나누어진 가운데,
당신은 회원들에게 MT를 가자고 설득을 해야 합니다.
어떻게 설득하시겠습니까?

Step 1. 사고의 시각화

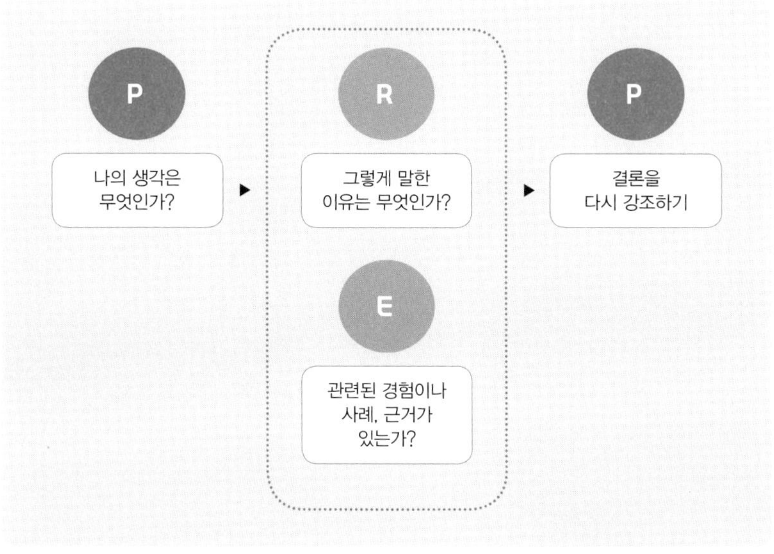

Step 2. PREP 기법으로 답변

여러분이 직접 작성해보세요.

P

R

E

P

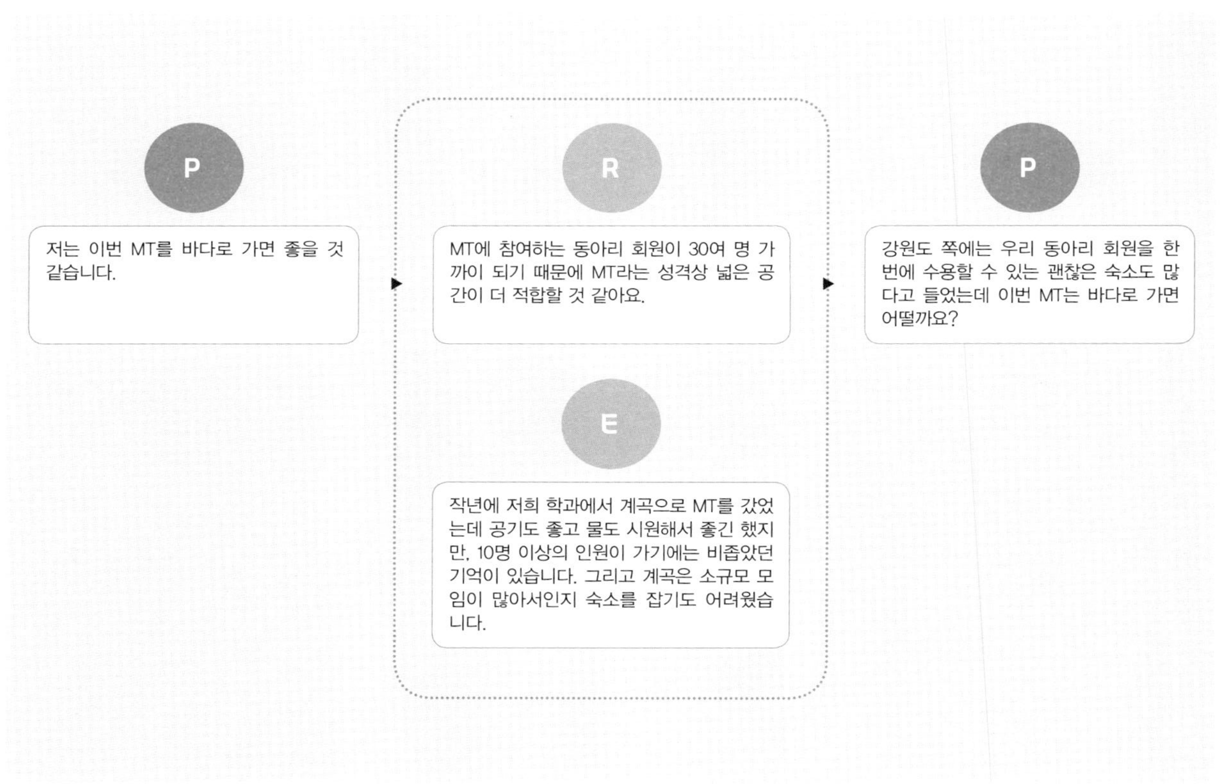
P
저는 이번 MT를 바다로 가면 좋을 것 같습니다.
R
MT에 참여하는 동아리 회원이 30여 명 가까이 되기 때문에 MT라는 성격상 넓은 공간이 더 적합할 것 같아요.
E
작년에 저희 학과에서 계곡으로 MT를 갔었는데 공기도 좋고 물도 시원해서 좋긴 했지만, 10명 이상의 인원이 가기에는 비좁았던 기억이 있습니다. 그리고 계곡은 소규모 모임이 많아서인지 숙소를 잡기도 어려웠습니다.
P
강원도 쪽에는 우리 동아리 회원을 한 번에 수용할 수 있는 괜찮은 숙소도 많다고 들었는데 이번 MT는 바다로 가면 어떨까요?

질문 사례 3.

동료의 실수로 본인도 주말에 출근해서 업무를 해야 하는 상황이 생긴다면 어떻게 하겠습니까?

Step 1. 사고의 시각화

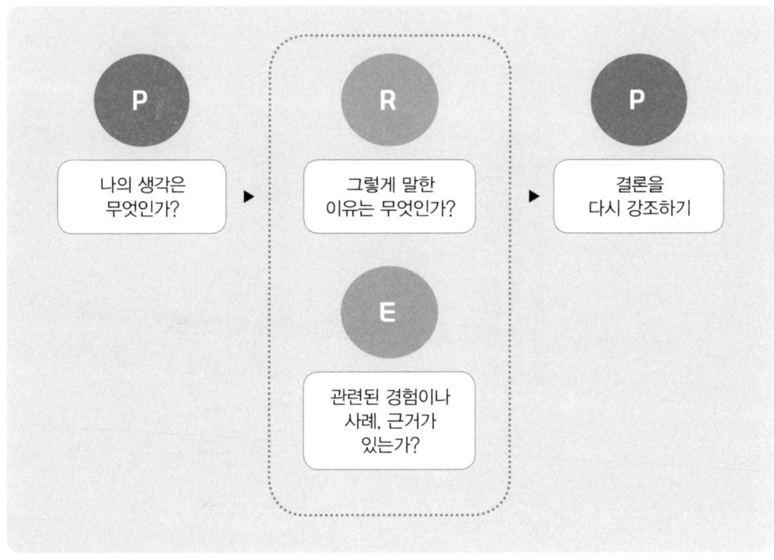

Step 2. PREP 기법으로 답변

여러분이 직접 작성해보세요.

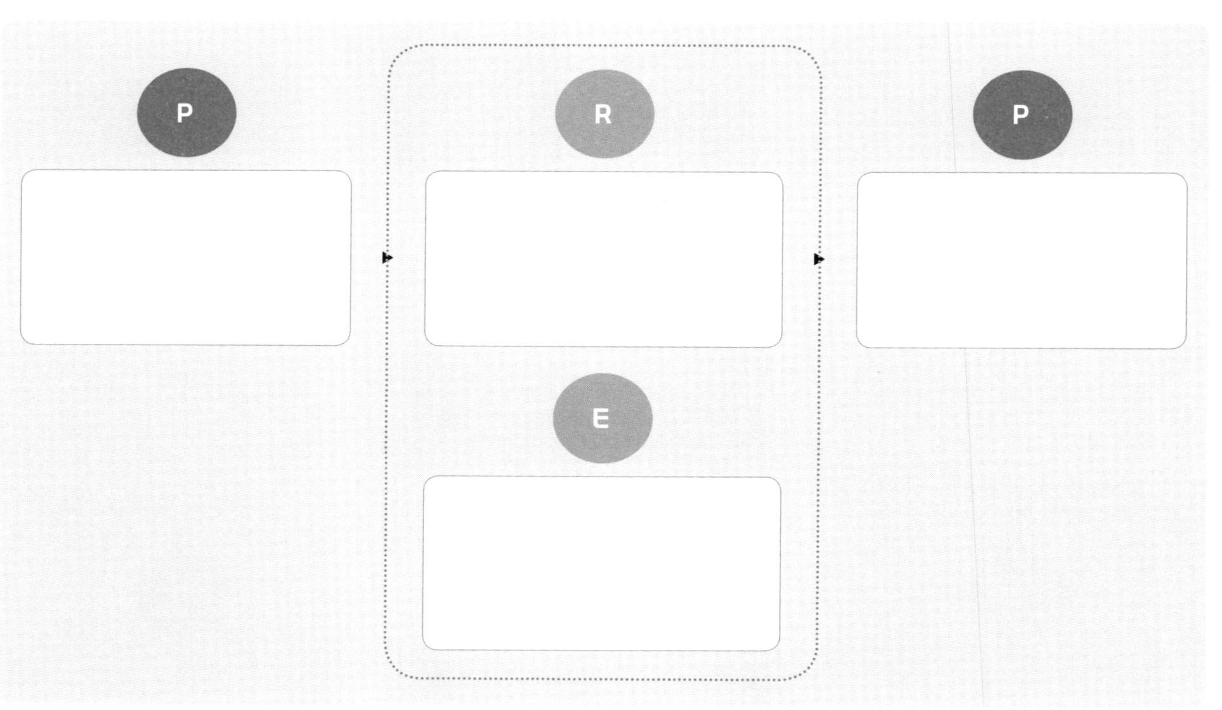

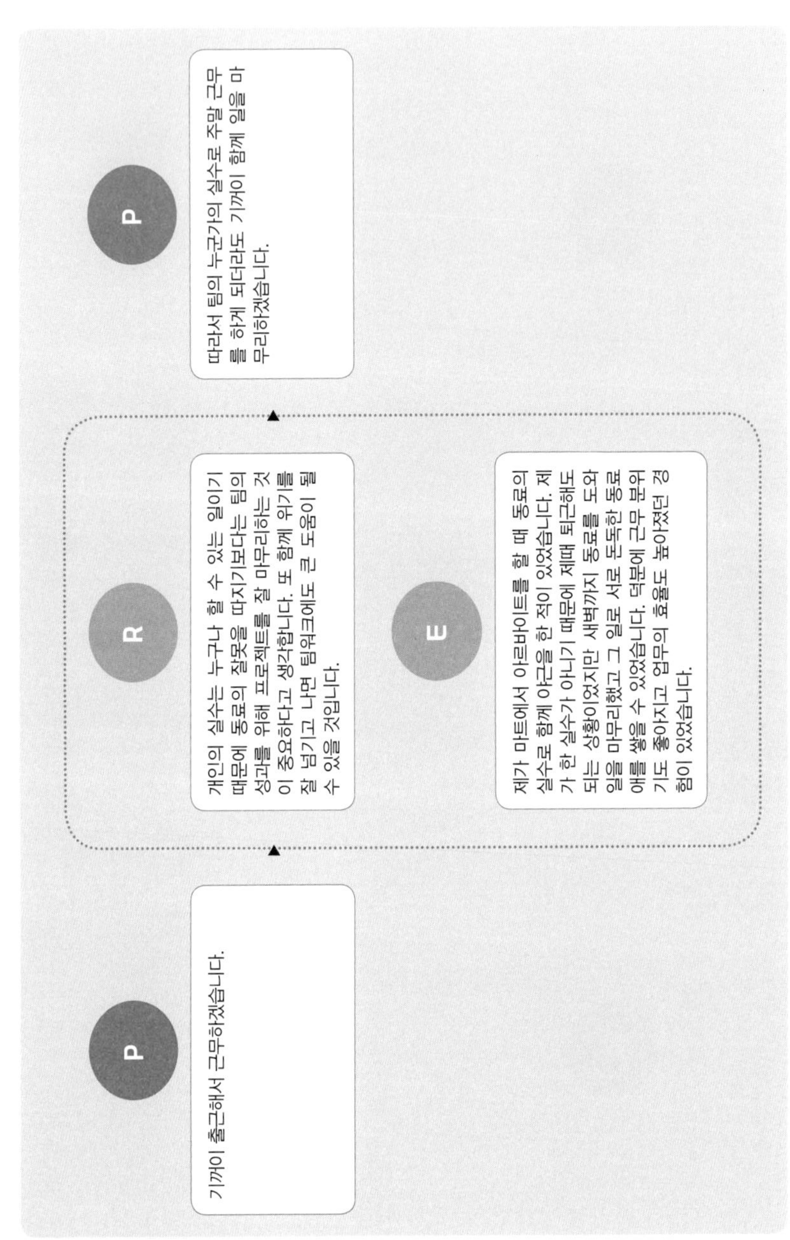
P
기꺼이 출근해서 근무하겠습니다.
R
개인의 실수는 누구나 할 수 있는 일이기
때문에 동료의 잘못을 따지기보다는 팀의
성과를 위해 프로젝트를 잘 마무리하는 것
이 중요하다고 생각합니다. 또 함께 위기를
잘 넘기고 나면 팀워크에도 큰 도움이 될
수 있을 것입니다.
E
제가 마트에서 아르바이트를 할 때 동료의
실수로 함께 야근을 한 적이 있었습니다. 제
가 한 실수가 아니기 때문에 제때 퇴근해도
되는 상황이었지만 새벽까지 동료를 도와
일을 마무리했고 그 일로 서로 돈독한 동료
애를 쌓을 수 있었습니다. 덕분에 근무 분위
기도 좋아지고 업무의 효율도 높아졌던 경
험이 있었습니다.
P
따라서 팀의 누군가의 실수로 주말 근무
를 하게 되더라도 기꺼이 함께 일을 마
무리하겠습니다.

질문 사례 4.

본인은 컴퓨터 전공을 했고 개발부서를 지원했는데,
개발부서가 아닌 인사팀으로 발령이 났다면 어떻게 할 것인가?

Step 1. 사고의 시각화

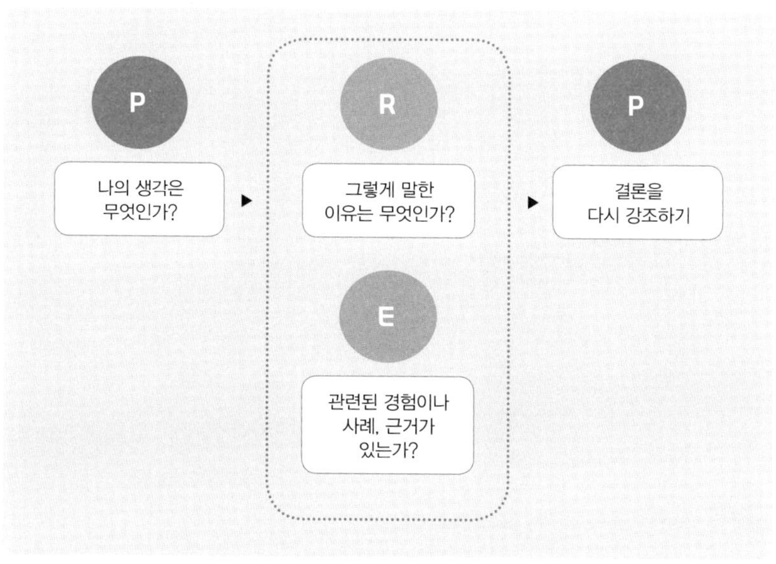

Step 2. PREP 기법으로 답변

여러분이 직접 작성해보세요.

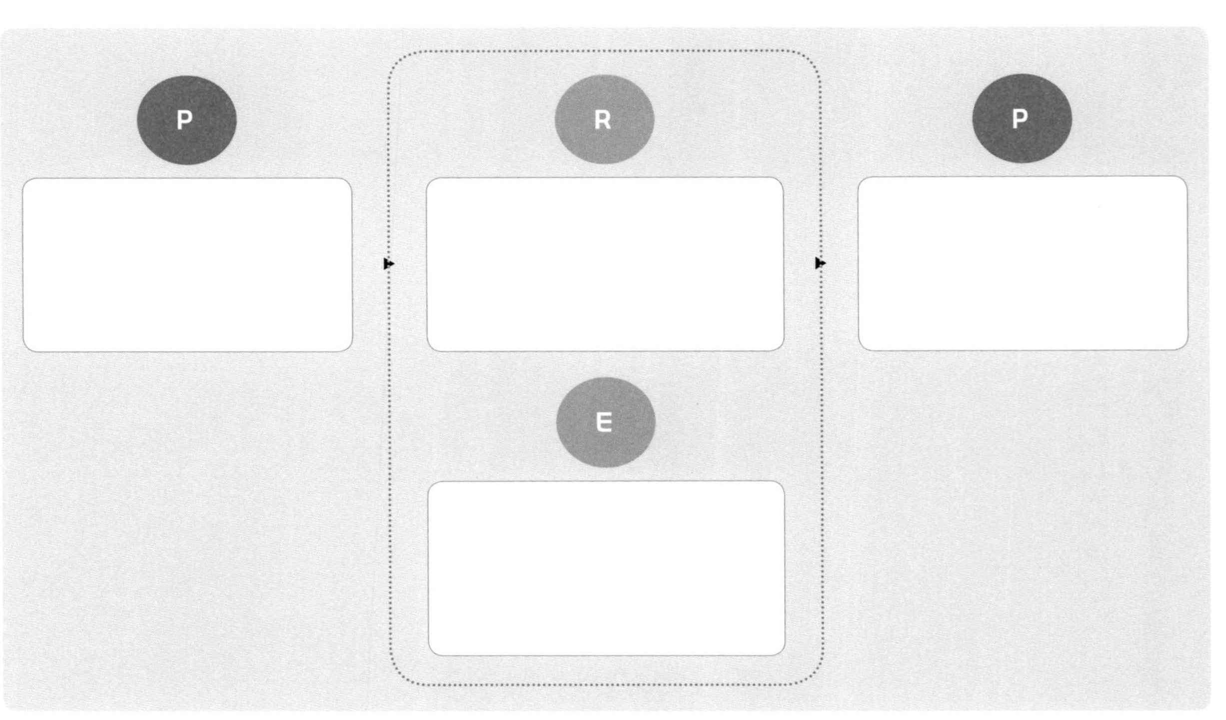

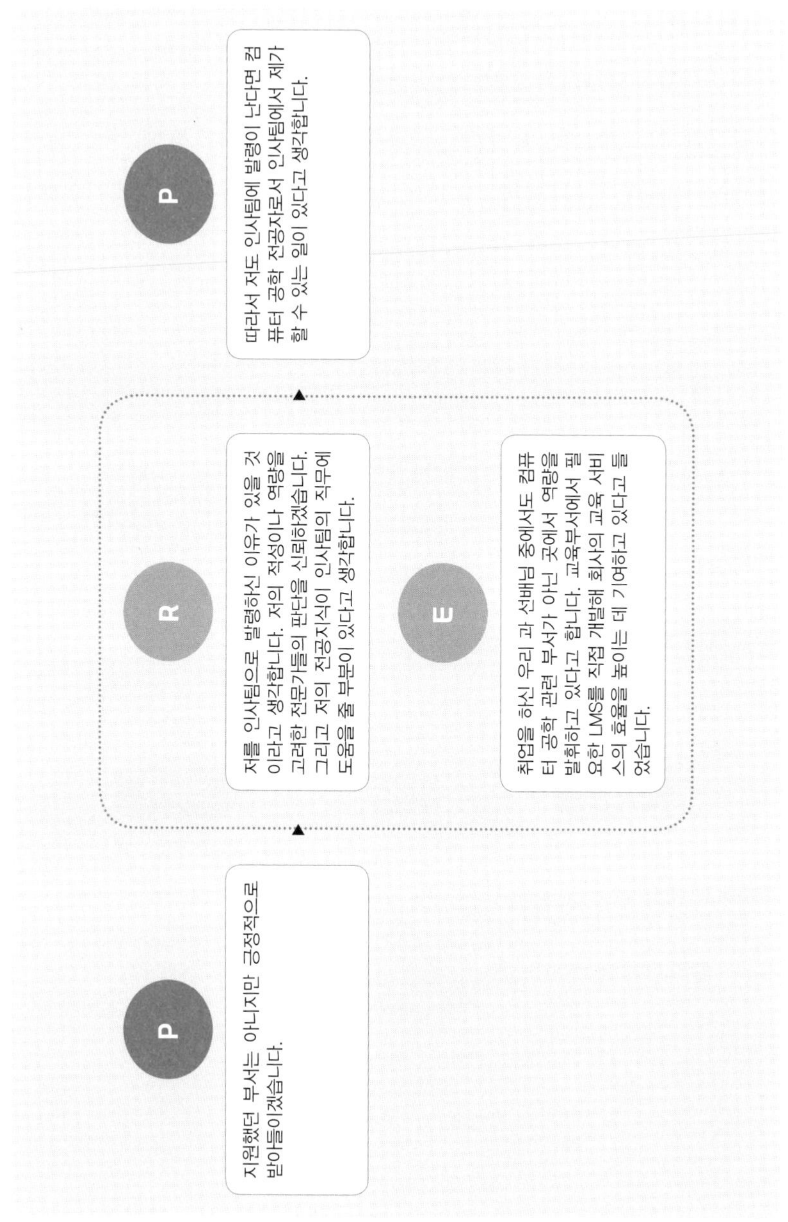
P
지원했던 부서는 아니지만 긍정적으로 받아들이겠습니다.
R
저를 인사팀으로 발령하신 이유가 있을 것이라고 생각합니다. 저의 적성이나 역량을 고려한 전문가들의 판단을 신뢰하겠습니다. 그리고 저의 전공지식이 인사팀의 직무에 도움을 줄 부분이 있다고 생각합니다.
E
취업을 하신 우리 과 선배님 중에서도 컴퓨터 공학 관련 부서가 아닌 곳에서 역량을 발휘하고 있다고 합니다. 교육부서에서 필요한 LMS를 직접 개발해 회사의 교육 서비스의 효율을 높이는 데 기여하고 있다고 들었습니다.
P
따라서 저도 인사팀에 발령이 난다면 컴퓨터 공학 전공자로서 인사팀에서 제가 할 수 있는 일이 있다고 생각합니다.

Balance 기법으로 균형 맞추기

이번에는 Balance 기법으로 연습하는 시간을 가져보겠습니다. 우선 질문의 의도를 파악한 후, 사고의 시각화를 통해 자신이 이야기할 내용을 간단하게 정리한 후에 마지막으로 완성된 문장을 정리해보세요.

질문 사례 1.

자신보다 경험이나 역량이 부족한 동료와 함께 공동업무를 진행하게 된다면 어떻게 하겠습니까?

Step 1. 사고의 시각화

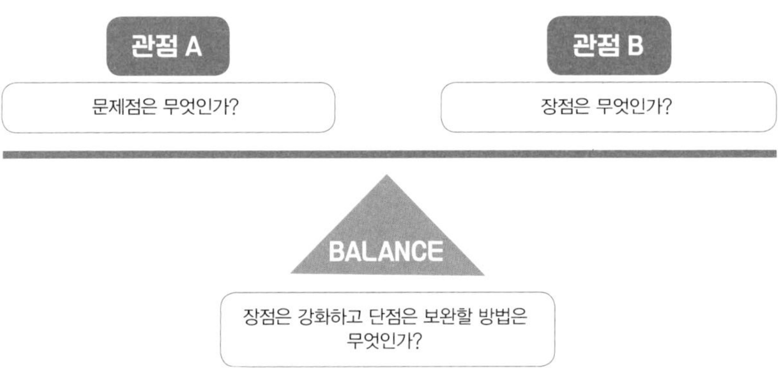

Step 2. Balance로 답변

여러분이 직접 작성해보세요.

관점 A

관점 B

BALANCE

관점 A

역량이 저보다 부족한 직원과 함께 일하게 된다면 아무래도 공동으로 업무를 진행해야 하기 때문에 업무 진행 속도가 더딜 수 있을 것 같습니다.

관점 B

하지만 반면에 상대의 부족한 면을 보완하기 위해서 제가 더 노력하는 과정에서 업무 습득의 속도가 높아질 수도 있고 상대에게 의존하지 않고 주체적으로 업무를 이끌어나감으로써 실력을 쌓을 수 있다고 생각합니다.

BALANCE

그래서 저는 주어진 상황을 최대한 긍정적으로 활용하면서 일하겠습니다.
그리고 상대가 해당 업무는 부족해도 제가 갖고 있지 못한 강점이 있을 수 있기 때문에 최대한 동료와 협력하면서 시너지를 만들어내겠습니다.

질문 사례 2.

고객사에 문제가 발생해서 빠른 조치를 요구하고 있는데,
나에게는 결정권한이 없고 상사와는 계속
연락이 닿지 않습니다. 어떻게 하시겠습니까?

Step 1. 사고의 시각화

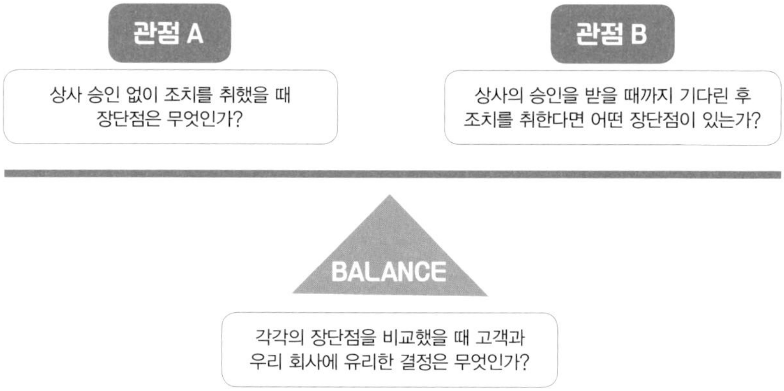

관점 A

상사 승인 없이 조치를 취했을 때 장단점은 무엇인가?

관점 B

상사의 승인을 받을 때까지 기다린 후 조치를 취한다면 어떤 장단점이 있는가?

BALANCE

각각의 장단점을 비교했을 때 고객과 우리 회사에 유리한 결정은 무엇인가?

Step 2. Balance로 답변

여러분이 직접 작성해보세요.

관점 A

관점 B

BALANCE

관점 A

만약 상사 승인을 받지 않고 조치를 취한다면 고객사에 발생한 문제를 빨리 해결해서 고객과의 관계를 잘 유지할 수 있을 것입니다. 하지만 만약 그러한 결정으로 인해서 자사에 손해가 발생할 수도 있습니다.

관점 B

만약 반대로 상사가 승인해줄 때까지 기다리게 되면 좀더 안전하게 업무를 진행할 수 있습니다. 하지만 고객사 비지니스에 문제가 발생해 거래관계가 끊어질 수도 있을 것입니다.

BALANCE

그래서 저는 최대한 빨리 고객사 상황을 면밀하게 파악한 다음, 그 문제가 시급히 복귀되지 않을 경우 고객사에 큰 손해가 발생한다고 판단된다면, 일단 먼저 필요한 조치를 취하도록 하겠습니다. 하지만 그러한 결정으로 인해서 자사에게 생길 리스크가 너무 클 경우에는 상사의 승인을 받는 것이 필요하다고 생각합니다.

PART 4.

토론 면접, 논리적인 협력형이 되어라

UNDERSTAND

1. 토론 면접의 목적

토론 면접, 왜 할까?

여러분이 면접관이라면, 지원자의 말과 행동 중 무엇을 더 중요하게 볼까요?

당연히 행동이겠죠. 누구나 할 수 있는 좋은 의미의 말만 늘어놓기보다는 말한 대로 행동하느냐가 더 중요할 것입니다. 상황 면접 시, 팀원과 갈등 상황이 생기더라도 평정심을 유지하며 타인의 말을 경청하면서 상호 협력하는 것이 중요하다고 말한 지원자가 있습니다. 그런데 정작 토론 상황에서 상대방으로부터 '그게 현실에서 가능하겠습니까?'라며 반박당했을 때, 얼굴을 붉히면서 그렇지 않다고 소리를 높인다면 그 사람에 대해서 어떤 느낌이 들겠습니까?

위의 사례는 상황 면접 시 '갈등 상황에서 배려와 협력이 중요하

다'라고 말한 지원자가 토론할 때는 '역량이 부족한 팀원은 포용할 수 없다'는 의견을 말한 사례입니다. 토론 면접을 통해 말뿐만 아니라 행동을 관찰한 면접관들은 당연히 이 지원자를 협력적인 사람이라기보다는 투쟁적인 사람이라고 생각하게 될 것입니다.

토론 면접은 주어진 이슈에 대해서 지원자들이 찬반 토론을 하는 가운데, 지원자가 보여주는 행동을 통해서 조직 및 직무 수행에 필요한 역량을 가졌는지 좀 더 입체적으로 평가하기 위한 면접 방법입니다.

요즘은 지원자들이 워낙 면접에 대해서 준비가 잘 되어 있기 때

문에 짧은 답변만 듣고 지원자가 실제로 기업이 요구하는 역량을 충분히 갖추었는지를 가늠하기가 쉽지 않습니다. 그래서 토론 주제를 받은 후, 팀에서 역할과 진행방식을 정하고 논리와 근거를 함께 만드는 준비 과정부터 토론에 실제 참여하는 과정까지 지원자가 팀으로써 함께 일해나가는 것을 다각도로 평가할 수 있는 방법이 바로 토론 면접입니다.

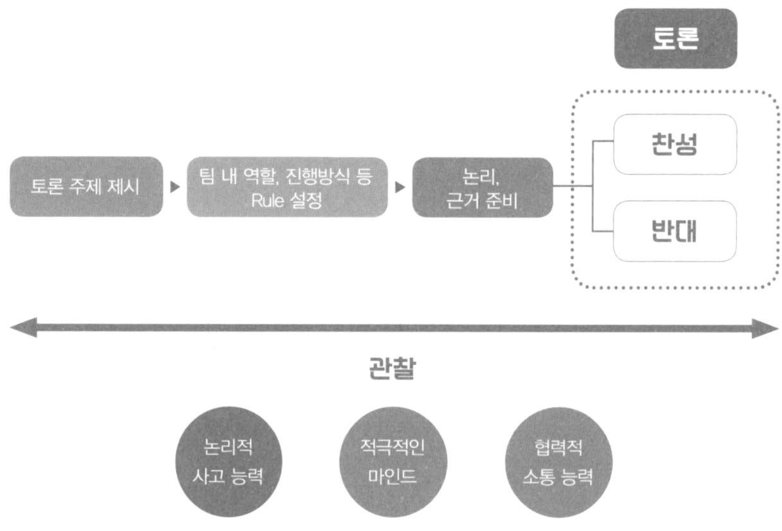

토론 면접은 면접관의 개입이 최소화되어 있는 상황에서 지원자 간의 토론으로 운영됩니다. 역량 면접이나 상황 면접만큼 당락에 영향을 크게 미치는 것은 아니지만, 준비되지 않은 상황에서 참여하게 되면 당황할 수 있으니 차근차근 준비해야 합니다. 토론 면접에서 보고자 하는 역량은 무엇일까요?

논리적 사고력

첫 번째는 논리적인 사고력입니다. 만약 '노키즈존'에 대해서 반대 의견을 제시했다면 왜 반대하는지 논리가 명확해야 하고, 논리를 뒷받침할 수 있는 설득력 있는 근거가 있어야 하겠지요. 대부분 토론 면접에서는 찬성과 반대가 엇갈려서 논쟁의 여지가 있는 주제들이 등장합니다. 어떤 토론 면접에서는 찬성과 반대 팀을 한 번씩 번갈아가면서 진행하는 경우도 있습니다. 첫 번째 라운드에서는 본인이 찬성했던 이유에 대해 다음 라운드에서는 상대의 공격을 받게 되기 때문에 창과 방패가 모두 필요한 토론 형식입니다. 어쨌든 찬성이든 반대든 자신의 주장에 대해서 논리와 근거가 합리적이고 설득력이 있으면 좋은 점수를 받을 수 있습니다. 그래서 평소

다양한 사회적 이슈에 대해 평상시 관심을 가지고 찬성과 반대의 입장이 모두 되어서 논리와 근거를 세워보는 연습이 필요합니다.

적극적인 마인드

사실 즉석에서 사회적 찬반 이슈에 대해서 논리적으로 발언을 한다는 것은 쉽지 않은 일입니다. 그래서 자신 없이 소극적인 모습으로 참여를 하게 된다면 감점 요인이 됩니다. 지나치게 발언 시간이 길거나 토론을 혼자 좌지우지하는 것은 좋지 않지만, 자신의 의견을 자신감 있게 펼쳐나가는 것은 중요합니다. 5~10명 정도가 한 팀으로 토론을 하게 되기 때문에 우물쭈물하고 있다가는 발언 기회를 제대로 얻지 못할 수 있습니다. 이슈를 이해하지 못하고 뜬금없는 논리로 길게 이야기하는 것은 안 되겠지만, 좀 더 적극적이고 주도적인 자세로 발언 기회를 얻어야 합니다.

협력적 소통력

설득력 있게 말하려면 무엇이 가장 중요할까요? 잘 듣는 것이 가장 중요합니다. 대부분의 토론 면접은 면접관의 개입 없이 진행되며, 이때 면접관의 역할은 온전히 지원자들의 토론을 관찰하면서 평가하는 것입니다. 제대로 토론에 참여하기 위해서는 나와 다른 의견을 제시하는 지원자의 말을 잘 경청해야 합니다. 상대의 반대 의견의 핵심 포인트가 무엇인지를 잘 경청해야 어떻게 대응

해야 할지를 정할 수 있습니다. 중간에 상대의 말을 끊거나 경청하지 않고 엉뚱한 쪽으로 주제를 돌려서는 안 됩니다. 이때 상대의 말을 메모까지 한다면 훨씬 더 협력적인 모습으로 비치겠지요. 또한, 반대 의견을 제시할 때 상대의 의견에 존중감을 표현한 후에 논리와 근거로 내 의견을 전달하는 것이 중요합니다. 표정이나 제스처, 말투가 공격적이거나 냉소적으로 보이지는 않는지 평상시 나의 모습을 점검하고 주변 사람들로부터 피드백을 받는 것이 필요합니다.

면접관이 가장 선호하는 유형은 협력하는 논리형입니다. 주제의 핵심을 정확히 이해하고 이에 대한 근거와 논리를 바탕으로 발언하되, 반대 측 의견을 진지하게 경청하고 존중하면서 토론하는 유형입니다. 그렇기 때문에 논리적 사고력과 협력적인 소통, 2가지를 모두 갖춘 지원자라면 더할 나위 없이 좋겠지요.

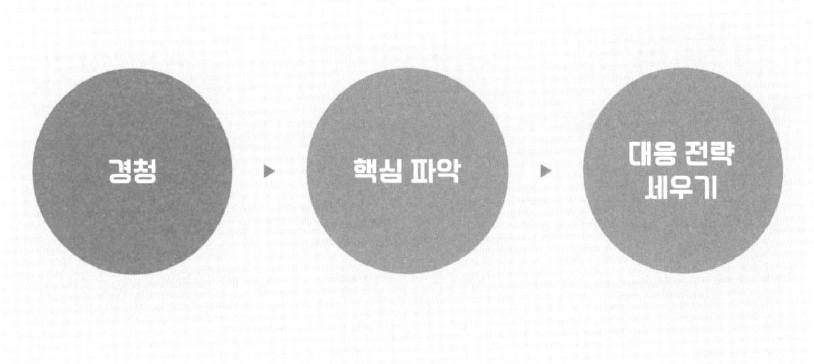

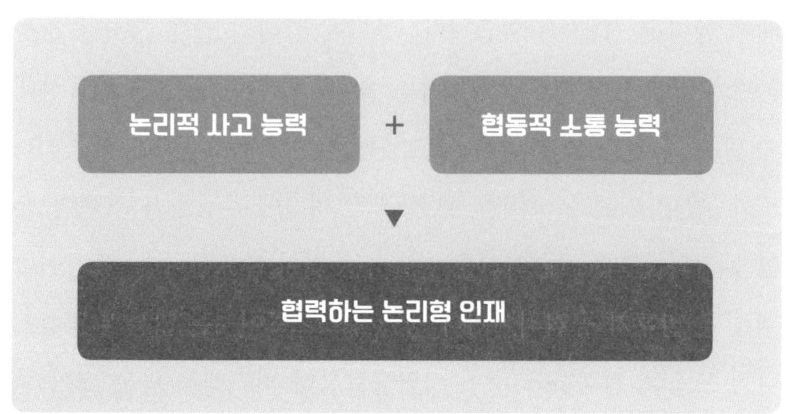
논리적 사고 능력
+
협동적 소통 능력
협력하는 논리형 인재

FOCUS

2. 토론 면접 대비하기

토론 면접의 프로세스를 파악하라

토론 면접은 앞서 언급한 바와 같이 면접관이 질문으로 주도하거나 사회자가 중간에 개입하지 않습니다. 기존의 면접 유형에 비해서 비교적 자유로운 형태로 지원자 간 토론이 이루어지기 때문에 지원자들의 적극성, 소통방식, 서로 협업하는 스타일들을 다각도로 관찰하고 평가할 수 있습니다.

토론 면접은 다음과 같은 순서로 진행됩니다.

토론 준비

면접관이 지원자들에게 토론 주제를 제시합니다. 그리고 어떻게 토론이 진행될 것인지 토론 시간, 방식 등 전체적인 정보를 제공합니다. 이때 토론 주제를 좀 더 정확히 이해하기 위해서 질문하는 것도 좋습니다. 토론 주제를 제대로 이해하지 못했다면 적극적으로 토론에 임하는 것은 힘들 테니까요.

주제를 부여받고 난 후에는 토론을 위해서 논리를 세우기 위한 준비를 해야 합니다. 그 전에 토론의 진행자를 선정하게 됩니다.

기업에 따라서 진행자를 정하는 경우도 있고 그렇지 않은 경우도 있습니다. 만약 진행자를 정하게 하는 방식이라면 진행자 역할을 맡아서 토론이 원활하게 진행될 수 있도록 리더십을 발휘하면 좋습니다. 진행자를 따로 두지 않는 진행 방식일 경우, 서기 등 적극적으로 필요한 역할을 맡아서 토론 준비가 원활하게 이루어지도록 기여하는 것이 필요합니다. 짧은 시간동안 팀이 함께 찬성 혹은 반대의 논리와 근거를 세워야 하므로 이때부터 팀워크가 매우 중요합니다. 그리고 팀이 어떤 방식으로 토론을 해나갈 것인지, 첫 발표는 누가 할 것인지 등에 대해서 준비합니다. 토론이 진행되기 전, 준비하는 그 순간부터 면접관의 평가는 시작됩니다.

토론 진행

약 30분간 각 팀이 준비한 논리와 근거를 바탕으로 토론을 진행합니다. 이때 상대의 의견을 충분히 경청한 후에 우리 팀의 의견을 제시합니다. 또한 지나치게 토론 시간을 차지하거나 논쟁으로 격화되지 않도록 주의하고, 만약 토론이 제대로 이루어지지 않으면 사회자의 적절한 개입이 필요합니다.

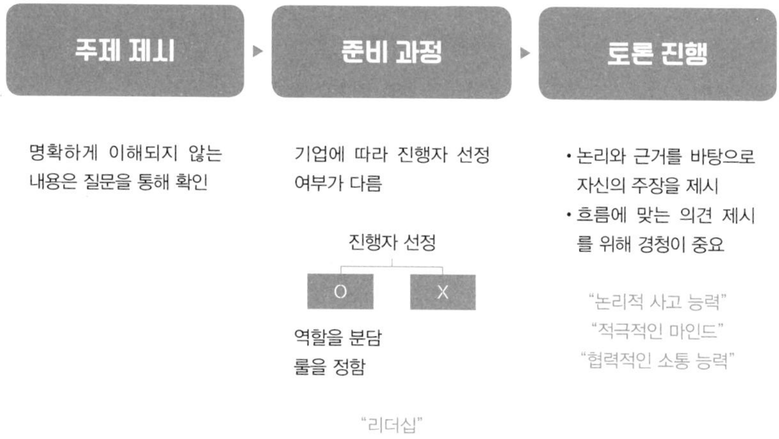

주제 제시 ▸ 준비 과정 ▸ 토론 진행

주제 제시

명확하게 이해되지 않는 내용은 질문을 통해 확인

준비 과정

기업에 따라 진행자 선정 여부가 다름

진행자 선정

O / X

역할을 분담
룰을 정함

"리더십"

토론 진행

- 논리와 근거를 바탕으로 자신의 주장을 제시
- 흐름에 맞는 의견 제시를 위해 경청이 중요

"논리적 사고 능력"
"적극적인 마인드"
"협력적인 소통 능력"

피라미드 구조로 논리 구조 세우기

피라미드 논리 구조는 결론을 중심으로 결론을 뒷받침할 근거와 근거들에 대한 세부 내용이 유기적으로 연결되어진 구조입니다. 피라미드 구조의 상단에는 토론 주제와 주제에 대한 자신의 결론을 밝히고, 그 결론이 나오게 된 근거들을 수직적·수평적으로 펼쳐나갑니다. 왜 피라미드 논리 구조라고 하는지 알겠지요? 토론 주제에 대한 주장과 근거들을 펼친 모습이 바로 피라미드의 모습이기 때문입니다.

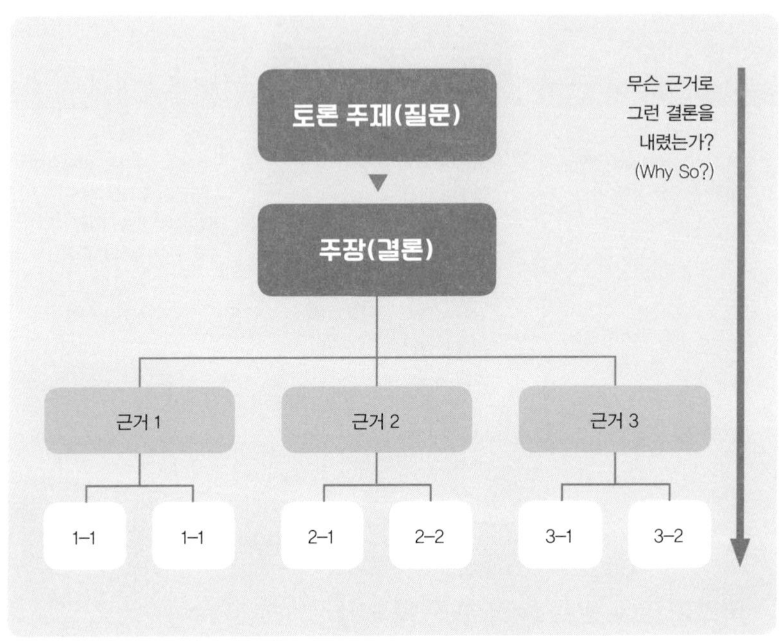

예를 들어, 토론의 주제가 "의료민영화 도입에 대해 찬/반으로 나누어 토론하십시오"였다고 가정해봅시다. 여러분은 토론에서 "저는 의료 민영화에 찬성합니다" 또는 "저는 의료 민영화에 반대합니다"라는 입장을 밝히겠지요? 토론 면접에서의 핵심은 단지 자신의 주장을 밝히는 것이 아니라 "왜 그렇게 생각하는가?", "무슨 근거로 그런 결론을 내렸는가?"에 대한 답, 즉 결론에 대한 충분한 근거입니다. 따라서 여러분은 주제가 주어지면 찬성과 반대 중 자신이 해당하는 입장에 대한 충분한 근거와 함께 논리 구조를 세워두어야 합니다. 이때 피라미드 구조를 활용하는 게 도움이 됩니다. '의료민영화'에 반대하는 다음의 예시를 살펴보겠습니다.

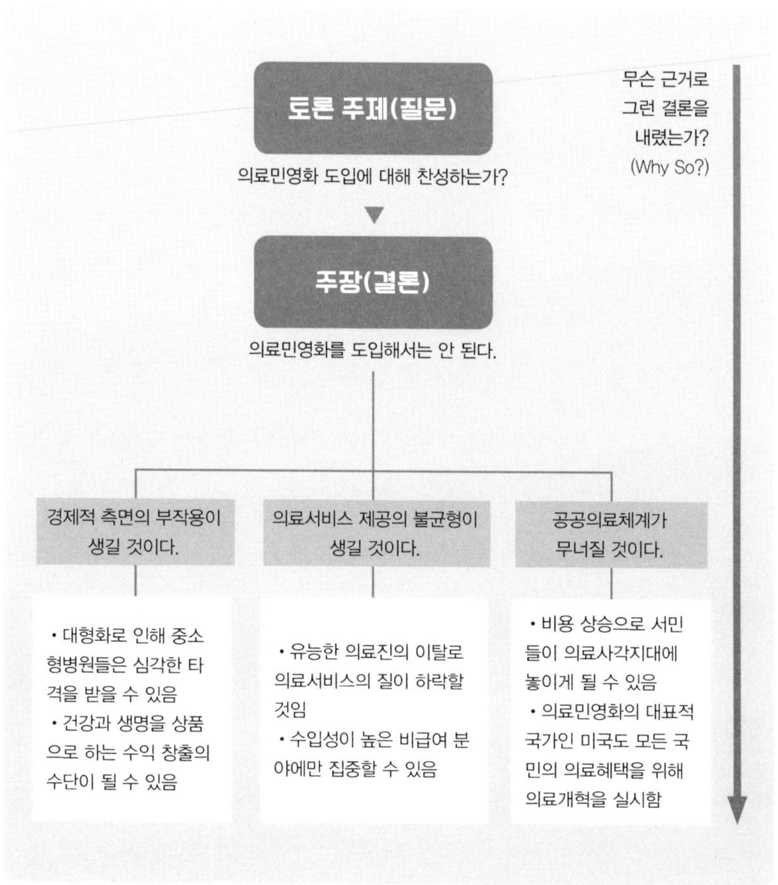

피라미드 구조로 논리 구조를 세우는 것에 대해 이해가 되시나요? 피라미드 구조를 활용할 때 다음의 3가지 조건을 만족시켜야 하는데, 이 내용에 대해서도 잊지 말고, 꼭 기억해두세요.

- 주장은 토론 주제에 대한 답변이다.
- 수직 방향은 결론을 중심으로 'Why So?(왜 그렇게 생각하지?)'의 관계가 성립해야 한다.
- 수평 방향은 가로 방향의 모든 요소들이 중복되거나 누락된 내용이 없어야 한다.

CERP로 토론 리더십을 보여주기

토론 면접은 논리적으로 사고하고 설득력 있게 자신의 의견을 개진하는 커뮤니케이션 능력을 평가하는 동시에, 집단 속에서 어떻게 상호작용하는지 협업하는 능력을 평가하려는 목적이 있습니다. 그래서 다른 면접에서 활용했던 논리와 근거를 통해서 자신의 의견을 논리적으로 전달하는 PPEP 화법과 양극단의 측면을 비교함으로써 나의 주장을 강조하는 Balance 기법 등을 활용할 수 있습니다. 다만 첫 번째 발제 후, 상대의 의견을 들은 뒤에 반대 의견을 말해야 하는 경우는 미묘한 뉘앙스의 차이를 두고 자신의 의견을 표현하는 지혜가 필요합니다. 바로 쿠션 멘트를 사용해 PREP을 살짝 변형한 CERP 기법으로 이야기하면 됩니다.

CERP : 유연하게 토론을 이끄는 기술

CERP 화법은 먼저 Cushion(쿠션), Evidence(근거), Reason(이유), Point(결론)의 앞 글자를 의미합니다.

Cushion(쿠션)	감정을 배려한 쿠션 멘트 제시
Evidence(근거)	근거를 제시(사실, 사례, 통계적 수치, 비유, 인용 등)
Reason(이유)	이유를 제시(그래서…)
Point(결론)	다시 의견을 강조(결론적으로…)

그런데 이쯤에서 궁금하지 않나요? 왜 PREP과 달리 CERP에서는 Evidence가 Reason보다 먼저 나올까요? 그 이유는 자신의 주장과 이유를 바로 언급하는 것보다는 근거를 먼저 제시한 뒤에 이유를 말하는 게 조금 더 부드러운 느낌을 주기 때문입니다. 토론 상황에서는 서로의 의견이 다르고 토론 과정이 자신의 합격 여부에 영향을 주다 보니 서로 예민해질 수가 있습니다. 따라서 이

야기 구조의 순서를 조금 바꿔서 부드러운 뉘앙스로 토론을 이끌어간다면 자신의 주장을 효과적으로 어필할 수 있으며, 유연한 리더십도 어필할 기회가 될 수 있습니다.

즉, 지금 설명한 내용을 다시 정리하면 다음과 같습니다.

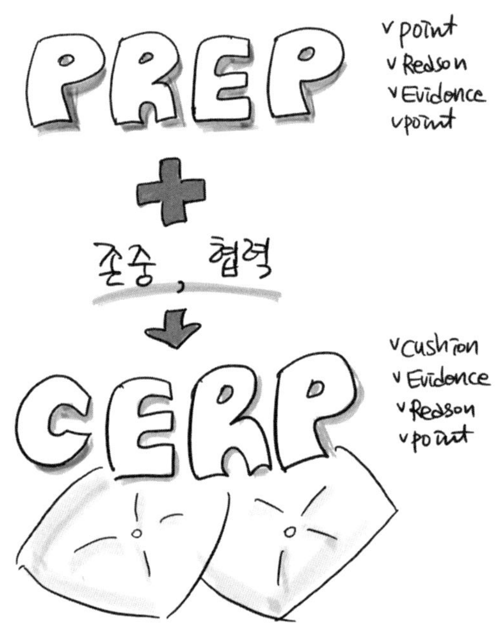

상대의 반대를 받고 나서 내 의견를 제시할 때 “그건 상황을 잘못 이해하신 것 같습니다. 왜냐하면…”으로 가게 되면, 명확한 논리로 근거를 동원해서 상대방 의견의 허점을 지적해 토론의 흐름을 바꿨다 하더라도 공격적인 성향으로 비치게 됩니다.

예를 들어, 노키즈존이 아이들과 부모들의 권리를 침해하기 때문에 반대하는 상대의 이견에 대해서 반대 의견을 제시해야 한다면,

TIP.쿠션(Cushion) 멘트
- 잘 들었습니다. 그리고….
- 그렇게 생각할 수 있겠네요. 거기에 더해서….
- 그 말씀도 일리가 있습니다. 그리고….
- 좋은 의견 감사합니다(잠시 멈춤).

Cushion (쿠션)	충분히 그렇게 생각하실 수 있습니다.
Evidence (근거)	얼마 전, 한 식당에서 아이가 서빙하던 직원과 부딪혀서 뜨거운 국물이 쏟아져 화상을 입은 사고가 보도된 적이 있었습니다. 부모가 복잡한 식당 안을 혼자 돌아다니던 아이를 주의시키지 못해서 발생한 일이었습니다.
Reason (이유)	사실 노키즈존은 다른 고객이나 주인들의 이익만을 위한 것이 아니라 혹시라도 발생할 수 있는 위험에서 아이들과 부모를 보호하는 의미도 크다고 생각합니다.
Point (결론)	그래서 결론적으로 노키즈존은 양자 간의 권리를 다 존중하는 방법이라고 생각합니다.

쿠션은 완충 효과가 있어 상대에게 반대 의견을 전달할 때, 충돌로 인한 감정적 에너지 소모를 줄임으로써 상대와 건설적인 토론을 하는 데 도움이 됩니다. 당연히 면접인데 핏대를 올리면서 상대와 논쟁하는 지원자가 과연 있을까 생각하겠지만, 토론에 집중하다 보면 상대의 반대 의견에 감정이입이 되어 쿠션 없이 냉소적이거나 공격적인 모습을 보이는 지원자들이 가끔 있습니다. 평상시 친구들이든 가족이든 나와 다른 생각을 가진 상대와 대화를 나눌 때 자주 쿠션을 써보는 연습을 해보면 좋겠습니다. 쿠션은 동의도 반대도 아닌 딱 중간을 의미합니다. 나와 의견이 다른 상대를 존중한다는 의미를 갖고 있습니다.

또 한 가지 기억할 부분은 쿠션을 한 후에 '그러나', '그런데', '그게 아니고' 등의 부정접속사가 아니라 '그리고', '거기에 더해서'의 긍정접속사를 사용하는 것이 좋습니다. 쿠션 후에 부정접속사를 쓰게 되면 쿠션의 진정성이 사라집니다.

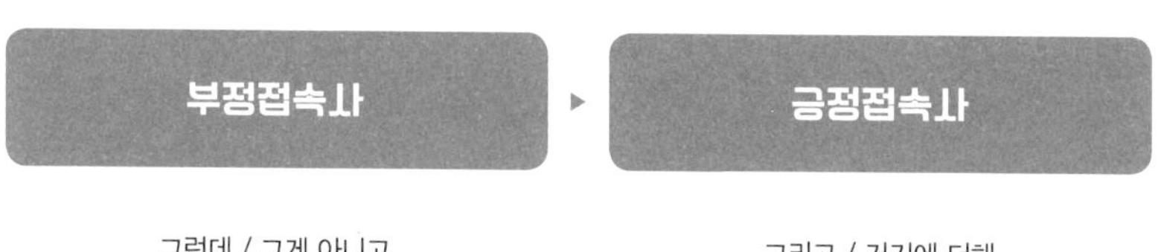

그런데 / 그게 아니고

그리고 / 거기에 더해

나는 여전히 상대와는 반대 의견을 갖고 있기 때문에 '그리고'라는 단어가 문법상 맞지 않을 수 있지만, 상대가 틀리고 내가 옳다는 접근법이 아니라 아직 결론이 내려지지 않았으니 서로 가능성을 열어놓고 충분히 토론을 하자는 접근법이라고 보면 좋습니다.

또 하나 잊지 말아야 하는 것은 우리의 표정, 제스처, 목소리 등의 비언어적 부분입니다. 내 말을 준비하느라 상대의 말을 잘 듣지 않거나 정리한 내용만 보느라 상대를 쳐다보지 않거나 호전적인 말투나 냉소적인 표정으로 말하지 않도록 주의해야 합니다.

ACTION

3. 토론 면접 셀프 가이드

CERP 기법으로 유연하게 주장하기

Learning by doing! 반복 연습을 통해서 우리도 토론 면접의 달인이 될 수 있습니다. 그럼 실제로 토론 면접을 연습해보도록 하겠습니다.

먼저 멤버 구성은 토론자 2명과 진행 및 관찰자 1명으로, 나를 포함해서 총 3명이 되어야 하고, 토론 면접의 주제가 필요합니다.

토론 면접의 주제는 최근 사회적 이슈와 관련해서 매우 광범위하게 제시됩니다. 혹은 기관이나 기업체와 관련 주제들이 선정되는 경우도 많으니 희망하는 기관이나 기업이 속한 산업의 최근 이슈에 대해서 사전 정보를 스터디하고 토론에 임하는 것이 중요합니다.

[토론 면접 실습방법]

1. 각 구성원이 찬성, 반대, 관찰자(타이머 겸함)의 역할을 맡습니다.
2. 각자 5분간 토론 준비를 합니다.

3. 찬성자가 먼저 1분 동안 피라미드 구조와 PREP 기법으로 자신의 의견을 제시합니다.

4. 반대자는 잘 듣고 1분 동안 CERP로 자신의 의견을 제시합니다.

5. 같은 방식으로 동일하게 2회 진행합니다. 관찰자가 시간을 관리합니다.

6. 다 끝난 후 관찰자가 논리가 명확했는지, 근거가 설득력이 있었는지, 쿠션을 잘 사용했는지 피드백을 제공합니다(표정이나 말투가 우호적이었는지, 상대의 말을 잘 경청했는지 비언어적 부분 등에 대해서도 피드백을 합니다).

7. 오른쪽 방향으로 역할을 바꾸어서 위와 동일한 방법으로 다른 주제에 대해서 토론을 실시합니다.

예를 들어, 다음과 같은 주제가 주어졌다고 가정해봅시다.

토론 사례 1.

최저 임금 제도는 저임금 근로자를 보호하기 위해서 국가가 임금의 최저 수준을 정해 사용자가 지급하도록 만든 제도입니다. 현 정부에서는 점진적으로 최저 임금을 인상하고 있습니다. 이에 대해서 찬성과 반대 의견을 토론하시기 바랍니다.

위의 주제를 가지고 찬성과 반대의 2가지 측면에서 논리와 근거를 적어보면서 준비해봅시다. 파트너와 짝이 되어서 함께 찬성과 반대 의견을 실습해보면 좋습니다.

Step 1. 사고의 시각화

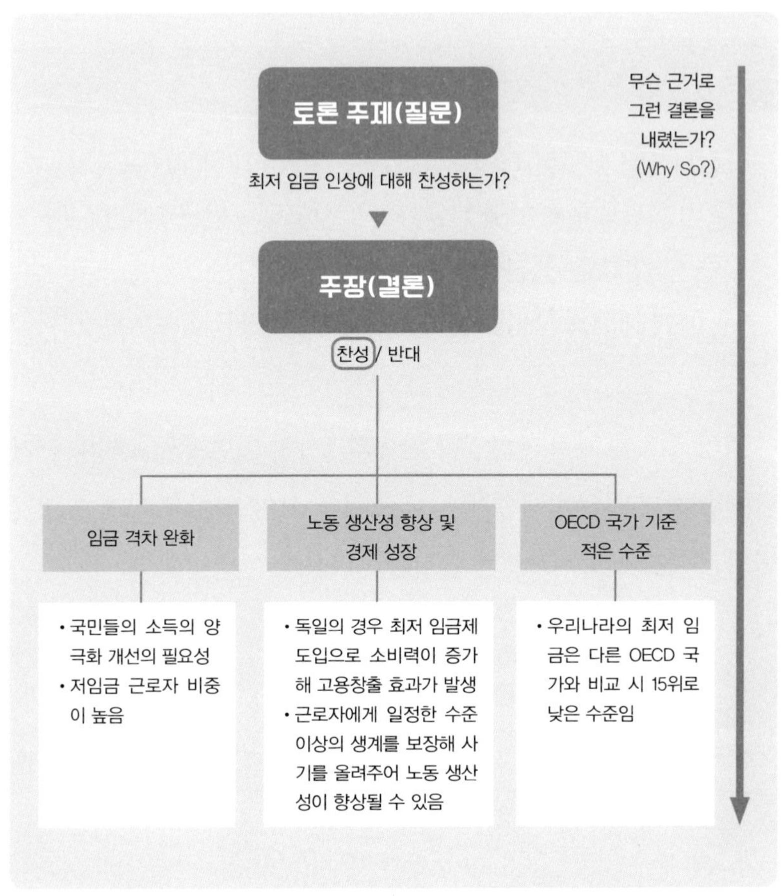

Step 2. PREP → CERP로 답변

여러분이 직접 작성해보세요.

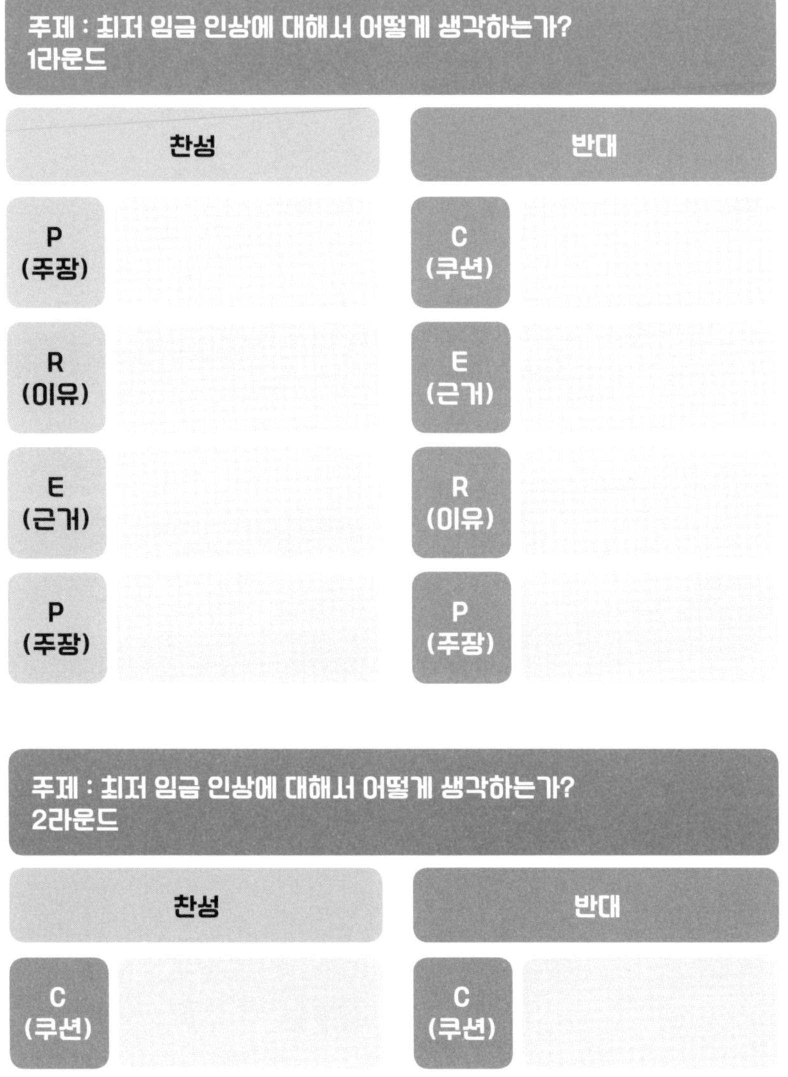

E (근거)	
R (이유)	
P (주장)	

E (근거)	
R (이유)	
P (주장)	

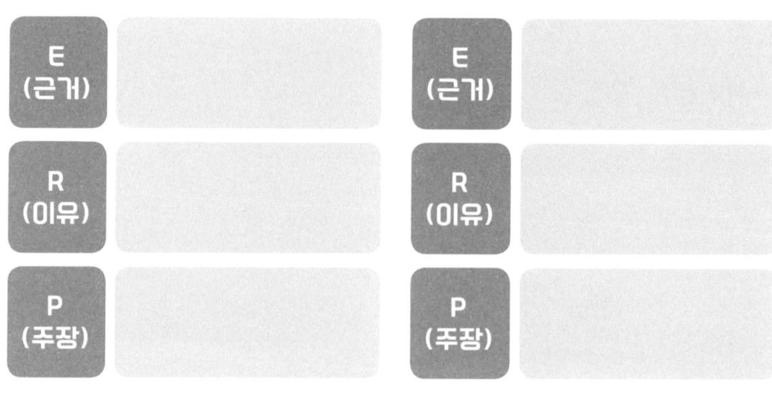

예시 : 최저 임금 인상에 대해서 어떻게 생각하는가?

찬성

P (주장)	저는 최저 임금 인상에 대해 찬성합니다.
R (이유)	최저 임금 인상을 통해 임금 격차를 완화할 수 있다고 생각하기 때문인데요.

반대

C (쿠션)	잘 들었습니다. 그리고 제 생각을 말씀드리자면
E (근거)	미국 워싱턴대 공공행정대학원 연구팀이 2015~2016년 시애틀의 대규모 최저 임금 인상 효과를 주장한 결과에 따르면, 2015년 최저 임금을 시간당 9달러 47센트에서 11달러로 16.2% 올렸을 때 노동수요 감소 효과는 최저임금 1%당 0.97~1.8%였다고 합니다. 게다가 2016년 최저임금이 12~13달러로 더 오르자 2.66~3.46%로 껑충 뛰었다고 합니다. 또 일자리 감소 효과는 시간당 9~13달러로, 최저임금 정도를 받는 근로자에게 집중되었습니다.

E (근거)	우리나라는 저임금 근로자 비중이 최고 수준입니다. 경제협력개발기구(OECD) 20개 국의 평균 17.3%보다 6.2%가 높은 23.5%를 기록했습니다. 저임금 근로자 비중이 높은 현상은 삶의 질이 취약함을 의미한다고 볼 수 있습니다.	R (이유)	최저 임금이 가파르게 오를 경우, 저임금 근로자의 신규 채용이 꽤 큰 규모로 축소될 수 있습니다.
P (주장)	따라서 최저임금 인상은 양극화를 완화하고 지속 가능한 성장과 3만 달러 시대에 걸맞은 삶의 질을 제고하기 위한 선결과제라 할 수 있습니다.	P (주장)	따라서 저는 최저 임금 인상을 좀 더 신중하게 접근해야 한다고 생각합니다.

마지막으로 토론을 마친 뒤 토론을 통해 좋았던 점과 개선할 점에 대해 서로 피드백을 주고받는 시간을 가져보세요.

관찰자 피드백(Good&More)	
좋았던 점 (Good)	
개선할 점 (More)	

예시 : 관찰자 피드백(Good&More)

좋았던 점 (Good)	상대방이 의견을 말할 때 메모하면서 경청하는 모습이 매우 적극적으로 보여서 좋았습니다. 또한 쿠션 멘트를 적절히 사용해서 상대의 기분을 상하지 않고 부드럽게 토론을 이끌어가는 모습이 인상적이었습니다.
개선할 점 (More)	자신의 의견을 말할 때 시선을 상대방에게 맞추지 않고 다른 곳을 바라보는 부분만 개선한다면, 더욱 긍정적인 이미지를 어필할 수 있을 것 같습니다.

토론 사례 2.

코로나19의 확산을 예방하기 위해 외국인의 입국을 반대하는 여론과 찬성하는 여론이 있습니다. 여러분은 '외국인의 입국 허용'에 대해 어떻게 생각하는지 찬성과 반대 의견을 토론하시기 바랍니다.

Step 1. 사고의 시각화

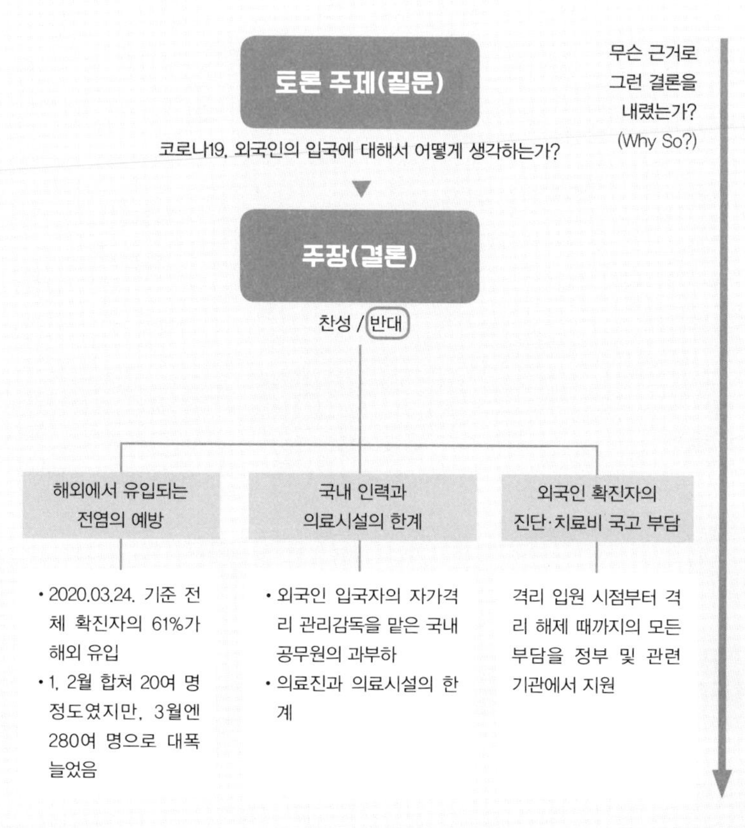

Step 2. PREP → CERP로 답변

여러분이 직접 작성해보세요.

주제 : 코로나 19, 외국인 입국에 대해서 어떻게 생각하는가?
1라운드

찬성		반대	
P (주장)		C (쿠션)	
R (이유)		E (근거)	
E (근거)		R (이유)	
P (주장)		P (주장)	

주제 : 코로나 19, 외국인 입국에 대해서 어떻게 생각하는가?
2라운드

찬성		반대	
P (주장)		C (쿠션)	
R (이유)		E (근거)	
E (근거)		R (이유)	
P (주장)		P (주장)	

예시 : 코로나 19, 외국인 입국에 대해서 어떻게 생각하는가?

찬성		반대	
P (주장)	저는 외국인의 입국을 찬성합니다.	C (쿠션)	일리가 있는 말씀입니다. 잘 들었습니다. 그리고 제 생각을 말씀드리자면
R (이유)	코로나19의 해외 유입을 막기 위해 외국인의 입국을 제한하게 된다면 실효성은 없고 경제에 악영향을 끼칠 것으로 생각합니다.	E (근거)	현재 확진자의 51%가 해외 유입자이며, 1, 2월 20여 명이었던 외국인 확진자가 3월에는 280여 명으로 대폭 늘어났습니다.
E (근거)	WHO는 중국과의 여행, 교역 제한에 반대한다고 밝혔으며, 대한예방의학회와 한국역학회는 이날 공동으로 성명서를 내고 "국가 간 상호주의 원칙을 무시한 외국인 입국 제한 등은 아무런 효과가 없거나 부작용이 더 크다"고 설명했습니다.	R (이유)	국내의 확진자는 줄어들고 있는 반면, 해외에서 유입되는 코로나19의 확진자의 비중이 눈에 띄게 늘고 있습니다.
P (주장)	따라서 유기적으로 국가 간 밀접하게 얽혀 있는 글로벌 시대에코로나19의 확산을 막기 위한 조치로 외국인의 입국을 제한하는 것은 무리가 있다고 생각합니다.	P (주장)	따라서 코로나19의 확산 추세가 잠잠해질 때까지 외국인의 입국을 제한해야 한다고 생각합니다.

마지막으로 토론을 마친 뒤 토론을 통해 좋았던 점과 개선할 점에 대해 서로 피드백을 주고받는 시간을 가져보세요.

[토론 면접 주제 예시]

- 일본과의 무역전쟁에 대한 대처방안에 대한 토론
- 최저임금 차등 적용에 대한 토론
- 미중 무역전쟁의 승자는 누가 될 것인가에 대한 토론
- 무상교육 조기 시행에 대한 찬반 토론
- 4차 산업혁명의 장점과 부작용 토론
- 점포 내 알바 실수는 누구 책임인지 토론
- 문재인 케어에 대한 찬반 토론
- 중소기업 적합 업종 선정에 대한 찬반 토론
- 우버택시에 대한 찬반 토론
- 성범죄자 신상 공개
- 탈원전 찬반 토론
- 소년법 개정(청소년범죄 처벌 강화) 찬반 토론
- 최저임금 인상에 대한 찬반
- 한반도 비핵화 가능성에 대한 찬반 토론
- 공공성과 수익성에 대한 토론
- 4차 산업혁명과 당사 대응방안 토론
- 기업의 사회적 책임에 대한 토론
- 당사 앱 활성화방안 토론
- 재판 생중계에 대한 찬반 토론
- 대통령중임제 찬반 토론

- AI가 일자리에 미치는 영향에 대해 토론
- 신용회복지원프로그램 중도 탈락자 감소방안 토론
- 중금리 대출 활성화방안 토론
- 무료 우산 대여 회수율 제고방안
- 블라인드 채용 찬반 토론
- 공기업의 공익성과 기업성 중 어느 것이 더 중요한지 토론
- 문제 연예인 방송 복귀 찬반 토론
- 공유경제에 대한 찬반 토론
- 신약 개발 시 동물임상실험에 대한 찬반 토론
- 공항 주차료 인상에 대한 찬반 토론
- 전신스캐너에 대한 토론
- 일반의약품 약국 외 판매에 대한 토론
- 사형제도 찬반 토론

PART 5.

발표 면접, 논리와 스토리로 설득하라

UNDERSTAND

1. 발표 면접의 목적

발표 면접, 왜 할까?

역량 면접, 상황 면접, 토론 면접을 넘어 이제 드디어 발표 면접까지 성공적인 취업 준비 막바지에 다다랐습니다. 이제 정상이 멀지 않았습니다. 이 마지막 관문을 잘 준비하면 '취업의 산' 정상에 깃발에 꽂을 수 있습니다! 하지만 발표 면접은 결코 만만히 볼 녀석이 아닙니다. 면접 난이도의 끝판왕이라는 발표 면접, 무엇부터 어떻게 준비해야 할지 지금부터 알아보겠습니다. 발표 면접은 특정 주제와 관련된 지원자의 발표와 Q&A(질의·응답)을 통해 지원자의 역량을 평가하는 것입니다. 발표 면접 이전에 경험 면접과 상황 면접을 통해 자신이 어떠한 역량을 가지고 있고, 그 역량들이 해당 기업에서 요구하는 인재상과 일치한다는 것을 어필했습니다. 그렇다면, 발표 면접에서 우리는 무엇을 보여주어야 할까요? 결론부터 말하면, 발표 면접을 통해 가장 중점적으로 보여줘야 할 대표 역량은 문제해결 능력입니다. 면접관은 발표 면접을 통해 당신이 조직생활을 하면서 조직에서 발생하는 문제 상황 또는 의사결정의 상황에서 어떻게 대처할지를 확인하고 싶어 하기 때문입니다.

즉, 발표 면접은 지원자가 프레젠테이션이라는 상당히 부담되는 긴장 상황에서 자신의 문제해결 능력을 효과적으로 보여줄 수 있는지 평가하기 위한 것입니다.

발표 면접은 크게 세 단계의 과정에서 여러분의 역량이 평가되는데, 발표 과제를 부여받아 과제를 파악하는 과정과 발표를 준비하고 발표하는 과정, 마지막으로 발표를 마친 후 Q&A(질의·응답)에 대처하는 과정입니다. 이 과정에서 여러분은 과정 별로 논리력, 순발력, 직무 분야의 전문성 등을 평가받기도 합니다.

- 발표 과제 이해 : 분석력, 직무 배경지식
- 발표 준비 및 자료 제작 : 문제해결 능력, 논리력
- 발표 및 Q&A : 전달력, 설득력, 순발력

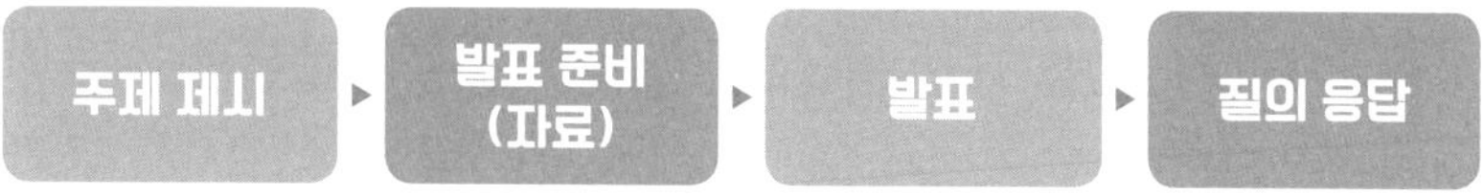

주제 제시 ▶ 발표 준비 (자료) ▶ 발표 ▶ 질의 응답

문제해결 능력, 논리력, 설득력, 직무 지식, 분석력

우선, 발표 면접에서는 직무와 관련된 주제가 나옵니다. 이는 지원자의 직무 적합도를 평가하는 요소로, 지원자가 평소 해당 직무에 얼마나 관심이 있는지, 그리고 얼마나 준비했는지를 파악할 수 있습니다. 또한 회사 생활을 하다 보면 프레젠테이션을 할 일이 종종 생기는데, 그럴 경우를 대비해서 지원자가 가진 발표 능력도 자연스레 평가하게 됩니다.

문제해결 능력, 대응 능력

더불어 발표 면접을 하다 보면 수많은 질문을 받게 되는데, 질문을 통해 지원자가 질문의 의도를 잘 파악할 수 있는지, 위기 상황이 닥쳤을 때는 어떻게 대처하는지 등의 대응 능력을 확인할 수 있습니다.

논리력, 설득력

다음으로는 발표 면접에서 사용하는 문장이나 발표 내용의 흐름을 통해 지원자의 논리력을 평가할 수 있습니다. 올바른 문장을 사용하는지, 그리고 발표 내용의 기승전결과 육하원칙 등을 유심히 보게 됩니다.

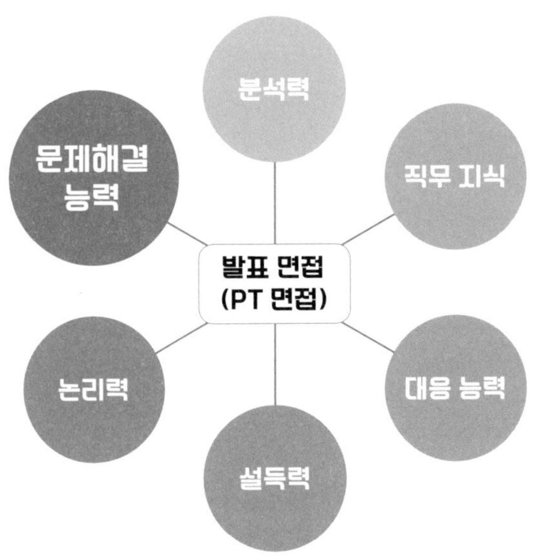

그런데 발표 면접에 대한 오해가 있습니다. 발표력이 평가에 절대적 영향을 미친다고 생각하는 것입니다. 면접을 진행하다 보면 긴장하지 않고 발표를 진행하는, 한마디로 말발이 좋은 달변가 스타일의 지원자들이 있습니다. 그런데 문제는 주제의 핵심을 전혀 이해하지 못하고 초점에서 벗어난 엉뚱한 발표를 하는 경우에는

그 청산유수의 자신감 넘치는 달변은 오히려 마이너스 요소로 작용할 수 있습니다. 발표 면접에서 면접관은 엄청난 개선안을 지원자에게 기대하지 않습니다. 다만 이 친구가 회사에 입사해서 일을 진행할 때 현재 상황을 올바르게 이해하고 해결책을 찾을 수 있는 기본적 역량이 되어 있는지를 알고 싶어 합니다. 그 기업에서 근무하는 수많은 직원들이 오랜 시간 고민하면서도 풀지 못하는 문제들을 한방에 해결할 수 있는 혁신적이고 비범한 대안을 신입사원에게 기대할 수는 없겠지요. 다만 상사의 요구사항을 제대로 이해하지 못하고 엉뚱한 방향으로 너무 열심히 일하는 신입사원은 분명 피하고 싶을 것입니다. 다소 긴장해서 얼굴이 붉어지더라도 상황에 대한 올바른 이해를 바탕으로 차분하게 자신의 의견을 논리적으로 펼쳐나가는 지원자가 훨씬 더 좋은 평가를 받을 수 있습니다. 스킬보다는 발표의 내용이 더 중요합니다.

발표 면접의 달인이 되려면?

그렇다면 발표 면접에서는 구체적으로 어떤 능력이 필요할까요? 취준생이 아니라 CEO의 마인드로 바라봐야 합니다. 회사에서 일을 한다는 것은 큰 틀에서 보면 문제해결의 과정이라고 볼 수 있습니다. 달성해야 할 목표와 실현 가능한 계획을 구체적으로 설정한 후(Plan), 계획대로 업무를 수행하고(Do), 수행 결과를 평가하고 개선안을 세워서(See) 다시 수정된 목표를 세워서 수행하고 또 평가하는 Plan – Do – See의 과정을 끊임없이 반복하는 것이라고 할 수 있습니다. 단순히 주어진 업무를 수행하는 것이 아니라 달성해야 할 목표가 무엇인지, 해결해야 할 문제와 목표에 초점을 맞추고 어떻게 개선할 것인가, 즉, 앞에서도

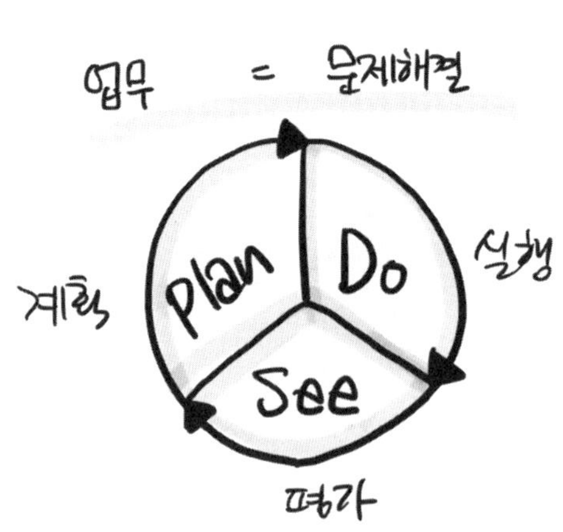

언급한 바와 같이 문제해결 능력을 증명하는 과정이 바로 발표 면접입니다.

그렇다면 어떻게 발표 면접에서 문제해결 능력을 보여줄 수 있을까요? 일단 해당 기관이나 기업의 CEO라고 가정하고 회사 내외부의 상황을 좀 더 심도 있게 들여다보는 것이 필요합니다. 그러려면 평상시 그 기업이 속한 산업 전반과 경쟁사, 고객, 제품과 서비스에 대한 배경지식을 쌓는 것이 중요합니다. 현재 상황에 대한 정확한 분석 없이 세운 대안은 뜬구름 잡는 소리가 될 수 있습니다.

일본의 피터 드러커라고 불리는 오마에 겐이치라는 맥킨지 컨

설팅 출신의 경영 컨설턴트가 있습니다. 하지만 그는 MBA 출신이 아니라 원자력 박사 출신이었습니다. 그런 그가 뛰어난 경영 컨설턴트가 될 수 있었던 이유는 끊임없이 고객사의 입장에서 문제와 대안을 고민했기 때문입니다. 그는 2시간 남짓 지하철로 출퇴근하면서 창문 밖으로 보이는 회사의 간판을 바라보며 '내가 그 회사의 사장이라면…, 마케팅 담당, 생산담당 임원이라면… 무엇에 대해서 밤잠을 설치며 고민할까', 그리고 '이에 대한 대안을 무엇일까'를 머릿속으로 그려보았다고 합니다. 그런 매일의 습관들이 쌓여서 큰 자산이 될 수 있었던 것이지요.

다음은 최근 발표 면접에서 출제된 주요 주제들입니다.

[발표 면접 주요 주제]

- 당사의 마케팅 전략을 세워 발표
- 당사 발전 방향에 대해 발표
- 전공 소개 및 당사 기여방안 발표
- CSR에 대한 발표
- 자기 소개 PT
- 지원 분야에 대한 자신의 역량 또는 강점을 발표
- 당사의 경쟁력 강화방안
- 당사의 해외 진출방안

- 환율 하락과 상승에 따른 대처방안
- 열역학 법칙에 대한 설명

[일반 시사 상식 관련]

- 저출생 원인과 대책 발표
- 자본시장법이 금융 산업에 미치는 영향과 대책
- 청년 실업에 대한 견해와 대책 발표
- SNS의 부작용 대처방안
- 빅데이터 활용방안 발표
- 사회 양극화 문제
- 재벌 개혁
- 보유세의 효과와 부작용
- CSR에 대한 견해 발표

[해당 기업 관련]

- 4차 산업혁명과 관련한 당사 향후 경쟁력 강화에 대해 발표
- 환율 하락과 상승에 따른 당사의 향후 대처방안
- 신시장에 진출하는 데, EU, 미국, 중국 중 어느 곳이 적합한지 발표(LG)
- 혼수 시장 점유율을 높일 수 있는 마케팅방안을 제시(삼성전자)

- 20대 고객을 위한 마케팅 전략을 제시(우리은행)
- 한식의 세계화에 관해 SNS를 활용한 마케팅 전략을 제시(롯데)
- 우리 상품으로 특색 있는 패키지를 만들어서 면접관에게 판매(CJ제일제당)
- 전기차 판매 증가에 따른 피크타임에 안정적 전력 운영방안 발표(한국전력거래소)
- 무임 승차자 해결방안(서울교통공사)
- 고령화 시대와 관련해서 당사의 대응방안(국민건강보험공단)
- 국민연금의 기금이 고갈되는 원인과 해결책을 제시(국민연금공단)
- 자기 소개 및 당사 기여방안 발표

* 과제형은 유사하나 주제와 관련된 제시문이 부여됩니다. 예를 들어, 해당 기업이 속한 산업의 상황과 다양한 이해관계자들에 대한 정보를 제시한 후, 개선방안을 도출하는 형태입니다.

FOCUS

2. 발표 면접 대비하기

무엇을 말할 것인가?

발표 면접은 일반적으로 후보자가 다수의 면접관 앞에서 일정 주제에 대해 발표하는 형식으로 진행되며, 20~40분 동안 준비하고, 5~10분 동안 발표하고, 10~20분 동안 Q&A를 진행합니다.

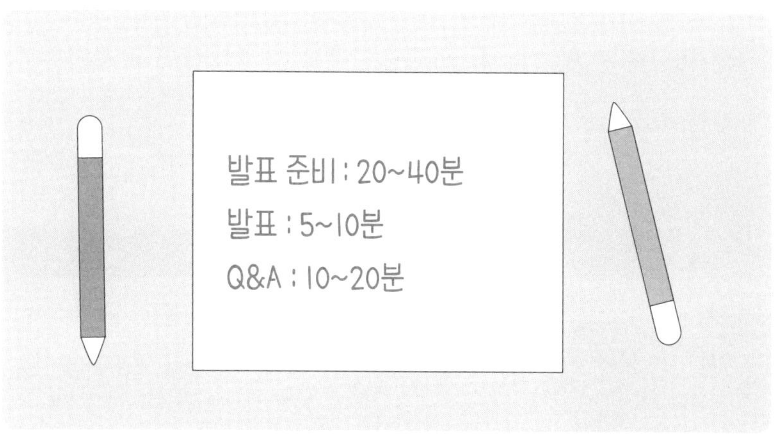

주어지는 문제의 유형이나 평가 역량의 구체적 내용을 보면 토론 면접과도 유사하지만, 토론 면접과의 큰 차이는 발표방식입니다. 토론 면접은 지원자들끼리 서로의 생각을 나누는 방식이었다

면, 발표 면접은 해결하기 위한 과정과 결론을 전지나 A4 용지에 발표 자료를 작성해 면접관들 앞에서 개인이 발표하게 됩니다.

토론 면접	발표 면접
지원자의 토론 과정을 통해 사고 능력 및 상호작용 능력을 예측	지원자의 과제 수행 과정과 결과를 통해 문제해결 능력을 예측
• 찬반 토론형 과제 : 논리와 구체적 근거가 중요 • 토의형 과제 : 상호협의 과정이 중요	• 일반 과제 / 문제해결형 과제 • 자신감 + 논리적 근거 • 질의 · 응답

발표 면접의 유형은 크게 일반과제와 문제해결형 과제로 나뉘는데, 최근에는 변별력이 높다는 이유로 문제해결형 과제의 비중이 늘어나고 있습니다.

과제 유형 세부 내용	일반 과제	문제해결형 과제
특징	• 주어지는 자료, 상황이 매우 간단하거나 자료 제시문 없이 주제만 제시 • 시사, 상식, 기관 및 직무와 관련된 지식을 주제로 지원자의 생각을 정리해 발표	• 적게는 3장에서 많게는 10장까지 제시문이 주어짐 • 주어진 자료나 정보 등을 분석하고 문제에 대한 해결방안을 구성해 발표
평가 요소	발표 능력, 전문성, 문제해결 능력	문제 이해 및 분석, 문제해결 능력, 발표 능력
핵심 전략	내용의 구조화, 효과적인 전달 대안 설정 및 아이디어 제시가 중요함	주어진 자료를 토대로 가설 설정, 해결책 제시, 내용의 구조화, 효과적인 전달
준비방법	생각 정리하기(15분) – 전지 작성하기(2분) – 리허설(3분)	제시문 읽기(10분) – 생각 정리하기(10분) – 전지 작성하기(10분)

논리적 접근(WWH 틀)과 감성적 접근(OBC 기법)으로 발표하라

① 논리적 틀(WWH)로 핵심 내용 만들기

앞서 조직에서 일한다는 것은 문제를 해결하는 것이라고 말했는데, 그러한 과정에서 가장 중요한 능력 중 하나는 바로 보고서를 작성하고 구두로 제안하는 능력입니다. 조직에서는 성과를 내기까지 수많은 사람들과의 소통과 협력이 필요합니다. 업무 추진에 필요한 정보를 전달하고 협력을 얻기 위해서 문서를 작성하고 제안하는 과정이 필요한 것이지요. 아무리 논리적으로 사고하고 체계적인 대안을 세웠다 하더라도 글이나 말로 내 의견을 효과적으로 전달하지 못하면, 조직에서는 벙어리 신세가 될 수밖에 없습니다.

상사가 가장 답답해하는 보고서 유형은 무엇일까요? 첫 번째는 고민의 흔적이 안 보이는 알맹이가 별로 없는 보고서이지만, 두 번째는 소설인듯, 에세이인듯 주절주절 두서없는 중구난방의 보고서입니다. 딱 보았을 때 핵심이 잘 보이고 요점이 명확하게 들리는 보고를 하려면 말하기 전에 내 생각을 구조화해보는 습관이 중요합니다. 특히 5분이라는 짧은 시간 동안 면접관에게 내 의견을 효과적으로 전달하려면 설득의 프레임을 갖추어서 전달하는 것이 필요합니다. 발표 면접도 역시나 지원자의 발표를 듣게 될 면접관의 입장에서 생각해야 합니다. 그렇기 때문에 면접관을 이해시킬 수 있는 논리와 객관적 자료를 준비하는 것이 중요합니다. 더불어 면접관의 마음을 움직이기 위해서는 무조건 논리적인 것보다는 감성적 접근의 스토리텔링도 필요합니다. 다른 면접에서도 마찬가지지만, 발표 면접에서는 핵심 메시지의 전달이 포인트입니다. '내가 이 발표를 통해 전달하고자 하는 것은 무엇인가?'의 답이 바로 핵심 메시지입니다. 예를 들어, '신입 사원의 직무 만족도 제고방안으로 직무 수행에 적합한 직원을 선발하고, 적성과 선호를 반영해 배치하며, 배치 후 직무 적응을 적극적으로 지원해야 한다'가 핵심 메시지인 것입니다.

발표자는 어떻게 자신의 핵심메시지를 면접관에게 잘 전달할 수 있을까요? 자신의 메시지를 잘 전달하기 위해서는 발표를 듣는 사람이 이해하기 쉽게 메시지를 전달해야 하는데 마치 손님에게 음식을 대접할 때 보기 좋고, 먹기에도 좋은 용도에 맞는 그릇에 담아 전달하는 것과 마찬가지입니다. 보기 좋고 용도에 맞는 그릇을 다음의 'Why–What–How 틀'이라고 생각해서, 이 그릇을 통해 메시지를 논리적으로 구조화 할 수 있습니다.

Why(제안 배경) :

• 현재 상황

우선 문제에 대해서 적어봅니다. 제시문이 있는 복합형의 경우, 제시문에 나와 있는 정보에 초점을 맞추어 작성하는 것이 좋습니다. 제시문 안에 문제와 해결책에 대한 평가자의 의도가 포함되어 있으므로 개인적인 의견을 반영해 지나치게 범위를 확장시키지 않는 것이 좋습니다. 제시문이 없는 발표일 경우, 평상시 주제와 관련된 현재의 문제점, 원인, 그것이 초래하는 결과들을 적어보고, 2~3개의 항목으로 묶어봅니다. 이때, 시간이 관건이므로 빨리 유사한 항목을 묶어서 3개 정도로 범주화시키는 것이 중요합니다.

예) 성과 평가제도에 대한 문제점을 개선하는 것이라면,

– 평가자의 공정성 부족

– 평가제도 자체의 문제

– 평가자와 피평가자 간의 소통 부족

• 목표

제시문의 해결 과제가 무엇을 해결하고 어떤 성과를 달성할 것을 요구하고 있는지 다시 한번 읽어보고 적어봅니다. 해당 기관의 사업이나 직무와 관련성이 있다면 해당 기관의 임원의 입장에서 그들이 원하는 것이 무엇인지를 적습니다.

예) 효과적인 평가제도 운영을 통해서 직원들의 업무 몰입도를 강화해 이직율 감소 및 조직 성과를 개선함

• 핵심 문제

핵심 문제란, 현재 상황과 원하는 상황, 즉 미래이상적인 모습

과의 갭, 차이를 의미합니다. 그러한 차이를 만든 핵심 요인이 무엇인지 적습니다. 단순히 눈에 드러나는 증상보다는 그것을 초래한 근본 원인, 즉 핵심 문제를 적습니다. 매달 카드값 때문에 허덕이는 것은 증상이고, 스트레스받을 때마다 인터넷 쇼핑을 하는 충동적 소비 습관 혹은 저축에 대한 구체적인 목표가 없다는 것이 핵심 문제에 해당합니다. 그리고 핵심 문제를 언급할 때는 '~이 문제'라고 기술하기보다는 '어떻게 하면 ~할 것인가'로 긍정적이고 건설적으로 제시하는 것이 좋습니다.

예) 평가자의 코칭 및 소통 스킬 부족 → 어떻게 하면 평가자의 코칭 및 소통 스킬을 강화할 것인가?

What(해결안) :

문제의 해결방안은 3개 정도로 정리합니다. 제시문이 있는 경우, 해결책의 범위나 근거도 제시문에 언급된 내용을 바탕으로 하는 것이 중요합니다. 제시문이 없는 경우에는 합리적인 선에서 해결책을 제시합니다. 창의적인 아이디어를 내야 한다는 압박 때문에 지나치게 허무맹랑한 대안을 제시하는 것은 오히려 마이너스가 될 수 있습니다. 너무 이상적인 대안은 질의 응답 시간에 압박 질문의 폭격을 부를 수 있기 때문입니다. 그렇다고 너무 뻔한 대안을 제시하게 되면 성의가 없어 보일 수 있으나 일반적인 아이디어라도 나름의 근거가 있으면 좋은 평가를 받을 수 있습니다.

How(세부 계획) :

마지막으로 각 해결안들을 어떻게 실현할 것인지에 대한 구체적인 계획을 제시합니다.

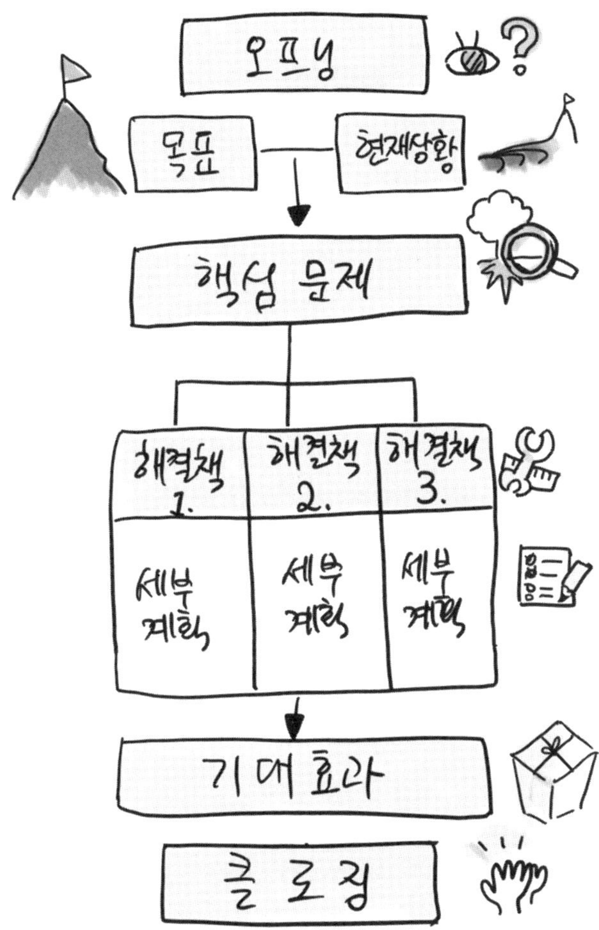

아래의 예시는 지금까지 알아본 'Why-What-How 틀'의 흐름에 맞춰 '재고 증가로 인해서 수익율이 저하되고 있는 현재 상황을 고수익의 구조로 안정적으로 성장하는 것을 목표로 하기 위해 불필요한 재고 처리에 따른 수익을 개선하자'는 내용입니다.

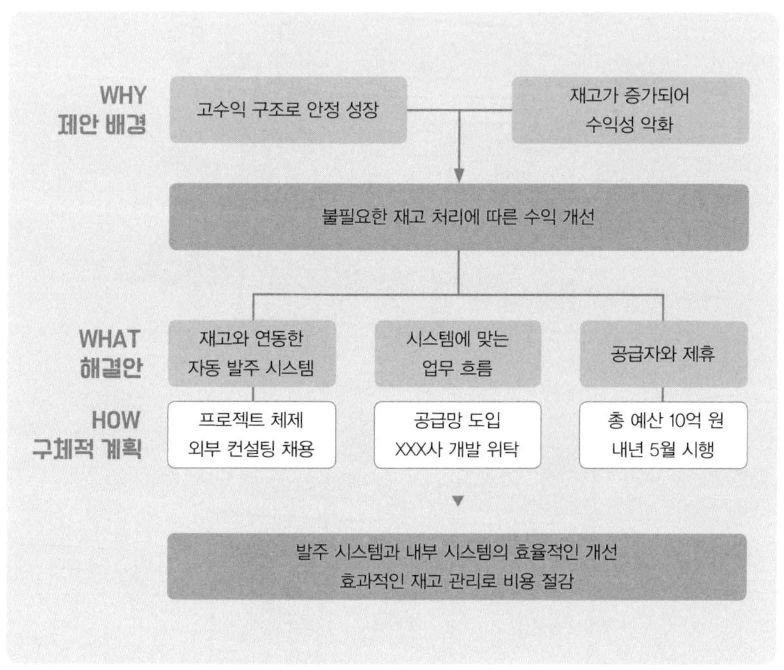

출처 : 나가타 도요시 저(정지영 역), 《프레젠테이션의 기술》, 생각정리연구소(2017), 61p

② 전체 구성은 OBC로 전개하기

우리가 특별한 날, 제대로 된 음식을 잘 갖추어 먹었다고 생각할 때는 어떤 경우일까요? 남자 친구나 여자 친구와의 특별한 기념일 또는 가족들과 함께하는 특별한 날, 어떤 요리를 먹나요? 상황에 따라 다르지만, 코스요리를 먹고 나면 오늘 제대로 먹었다 싶은 마음이 들곤 합니다. 코스요리에 첫 번째로 나오는 음식은 애피타이저입니다. 예를 들어, 입맛을 돋워줄 샐러드 요리를 먹고 나면 식욕이 생기는 걸 느끼면서 다음 음식을 기다리게 됩니다. 그러면 잠시 후 메인요리가 나오고, 메인요리를 배불리 먹고 나면 마지막으로 달콤한 디저트 류의 음식이 나옵니다.

여러분이 발표할 내용도 메시지를 잘 전달하기 위해서는 애피타이저, 메인요리, 디저트에 해당하는 스토리라인이 필요합니다. 여러분께 효과적 전달을 위한 스토리라인의 구성으로 OBC 기법을 소개합니다. OBC 기법은 전체 구성을 Opening(서론) – Body(본론) – Closing(결론)의 3단계 구조로 진행하는 방식입니다.

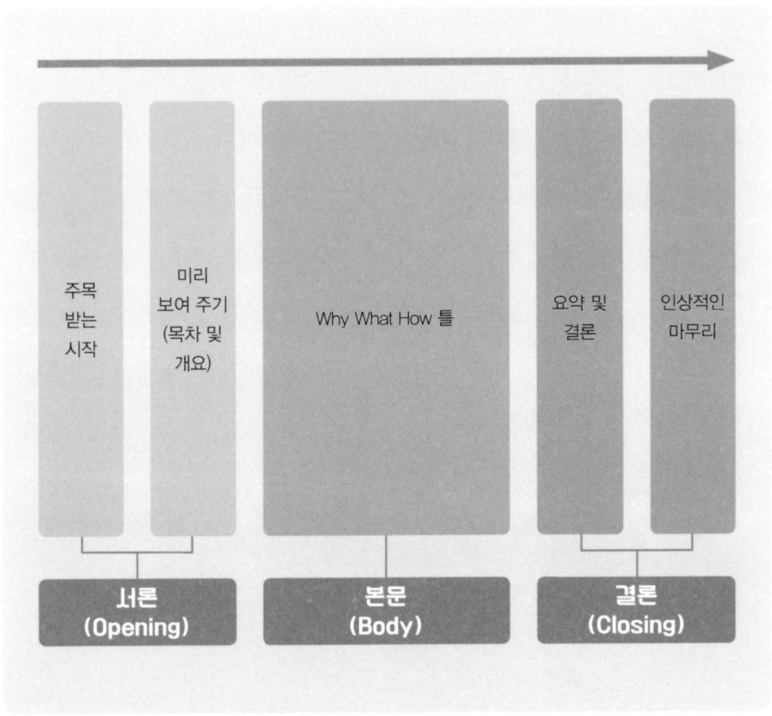

얼마 전 한 대학에서 PAC(Presentation Ability Certificate) 과정을 진행하면서 인상적인 사례가 있었습니다. 희망 기업, 직무를 정한 후 그 기업에 의미 있는 제안을 발표하는 세션에서 한 학생이 '일본의 완구회사의 마케팅부서'를 목표로 발표했습니다.

10살 때부터 귀사의 프라모델의 매력에 푹 빠져서 덕후로 살아왔다는 자신의 경험을 오프닝 멘트로 시작해서 10년 넘는 고객으로서의 경험을 기반으로 회사의 상황을 분석하고 시장 점유율을 높일 수 있는 몇 가지 제안을 했습니다. 프라모델의 고객 트렌드를 분석한 후, 어떻게 하면 유튜브나 온라인 게임에 아동층 고객을 뺏기지 않고 확대할 것인가, 그리고 키덜트 중에서 상대적으로 적었던 여성 고객층을 어떻게 끌어들일 것인지에 대한 창의적인 아이디어를 제안한 후, 귀사에서 일할 수 있는 기회를 주신다면 성덕(성공한 덕후)으로 즐겁게 일하면서 기여하고 싶다고 클로징을 한 것이죠.

제가 만약 그 회사의 채용담당자라면, 발표를 듣고 당연히 상당히 후한 점수를 주었을 것입니다. 10년 넘게 준비한 발표라는 게 생생하게 느껴지니 면접관에게 어필할 수밖에 없겠지요.

앞의 사례를 보신 여러분은 어떤 생각이 드시나요? 이 학생의 발표가 인상적이었던 이유는 다른 발표와 어떤 차별화 때문이었다고 생각하세요? 바로, 자신만의 스토리가 살아 있었다는 것을 여러분도 느끼셨나요?

취준생이기에 어디든 들어가고 싶다는 절박한 심정에서 한 걸음 벗어나서 그 기업이 고민하는 것은 무엇인지, 그리고 자신의 고객들로부터 어떤 요구에 직면해 있는지, 그리고 그들의 경쟁사는 누구인지, 차별화된 경쟁력을 위해서 무엇이 필요한지를 학습하고 꾸준히 정리하며 준비해온 것에 생생한 스토리를 더해 청자, 즉 면접관의 마음을 사로잡을 수 있겠지요?

자, 그럼 여러분도 오프닝과 클로징을 더한 OBC 기법으로 자신만의 스토리를 만들어보세요.

Opening(서론)

뉴스를 생각해보면 본격적인 소식들을 전하기 전, 초반에 헤드라인 뉴스들을 예고편처럼 쭉 보여주죠? 또 드라마는 어떤가요? 드라마 끝에 다음 편에 대한 예고편이 나오죠? 그 이유는 무엇일까요? 뉴스의 헤드라인 뉴스 보여주기와 드라마의 예고편은 시청자로 하여금 다음 내용을 상상하게 하고 호기심을 갖게 해 관심을 끌기 위한 목적이 있습니다. 발표 면접도 마찬가지입니다. 본론에 들어가기에 앞서 오프닝을 잘 구성하면 면접관의 호기심을 유발하고 발표에 대한 기대감을 갖게 합니다. 그리고 발표가 어떻게 흘러갈 것인지 전체 그림을 보여주어 면접관들이 앞으로 제시될 내용에 대해 준비할 수 있도록 해주어야 합니다. 주의를 끌기 위한 방법으로 주제와 관련성 있는 간단한 질문을 던지거나 비유나 인용, 혹은 기관과 관련된 자신의 경험을 언급하면서 주제와 연결시키는 것이 좋습니다. 이때 주의해야 할 점은 인상적인 시작도 좋지만, 발표할 주제와 연관성이 있는 내용들이어야 한다는 것입니다. 그러고 나서 간단히 전체 발표의 목차를 소개한 뒤, 기계적으로 자세히 읽지 말고 문제점과 해결책 위주로 핵심 메시지만 짧게 소개합니다. 오프닝 파트는 5분 발표일 경우, 30초 내외가 적당합니다.

예) 아무리 건강한 사람이라도 혈관에 피가 잘 돌지 않으면 위험한 상황에 빠지게 됩니다. 마찬가지로 전기는 산업 전반을 가동시키는 인체의 혈액과 같다고 생각합니다. 그래서 우리나라 산업 전반이 중단 없이 잘 가동되도록 전력 체계를 관리하고 지원하는 한국전력거래소의 중요성을 이번 발표 준비를 통해서 다시 한번 깨닫게 되었습니다. 본 발표는 먼저 향후 전력 수요 증가로 발생할 수 있는 문제점과 원인을 말씀드리고, 이에 대한 대응방안의 순서로 진행하겠습니다.

Body(본론)

전체 발표의 핵심 메시지가 담긴 본론의 내용을 구조화할 때 제일 먼저 해야 할 일은 소주제들 사이의 체계를 결정하는 일입니다. 소주제는 발표에서 언급하고자 하는 중요한 포인트로서, 발표 내용의 전체 체계를 이루는 부분입니다. 소주제들이 결정되면 소주제를 뒷받침하는 근거 자료나 구체적인 사례들로 세부 내용을 구성합니다. 하나의 소주제는 여러 가지 세부 내용들을 갖게 되므로 이들이 잘 조직되어야 핵심 포인트의 의미가 명확해집니다. 본론을 구성하는 방식은 앞에서 알아본 Why-What-How 틀의 내용들로 구성하면 됩니다.

Closing(결론)

클로징의 타이밍은 2번 주어집니다. 첫 번째는 준비한 내용을 마친 후 질의 응답으로 넘어가기 위한 연결 역할을 하는 세미 클로징이 있고 질의 응답을 다 마친 후, 마지막에 정리하는 파이널 클로징이 있습니다. 세미 클로징은 "제가 준비한 발표는 여기까지입니다. 그러면 이제부터 질의 응답을 받도록 하겠습니다"라고 짧게 언급하고, 질의 응답이 다 끝난 후 좀 더 깊은 인상을 주기 위해서 파이널 클로징을 준비하는 것이 좋습니다. 파이널 클로징은 간단히 요약하거나 핵심 키워드를 반복하거나 기대 효과를 다시 한번 강조하면서 자신을 어필하도록 합니다. 그리고 마지막으로 발표 내용을 듣는 상대방에게 인상적인 여운을 남기기 위해서 비유나 인용, 명언 또는 짧은 스토리로 감성적으로 마무리하는 방법도 있습니다.

예) 우리나라 산업의 불이 꺼지지 않도록 완벽한 무결점 운영으로 우리 전력거래소가 국민들에게 더욱 더 신뢰받는 기관이 될 수 있도록 저도 기여하고 싶습니다. 전력거래소의 일원으로 일하기를 희망하며 발표를 마치겠습니다. 감사합니다.

지금까지 자신이 발표할 내용의 논리 구조를 세우기 위한 Why-What-How틀과 단지 논리적일 뿐만 아니라 상대방에게 매력적인 내용으로 다가갈 수 있는 스토리를 더할 OBC 기법에 대해서도 알아봤습니다. 이 2가지 내용을 하나로 정리해보면 다음과 같습니다.

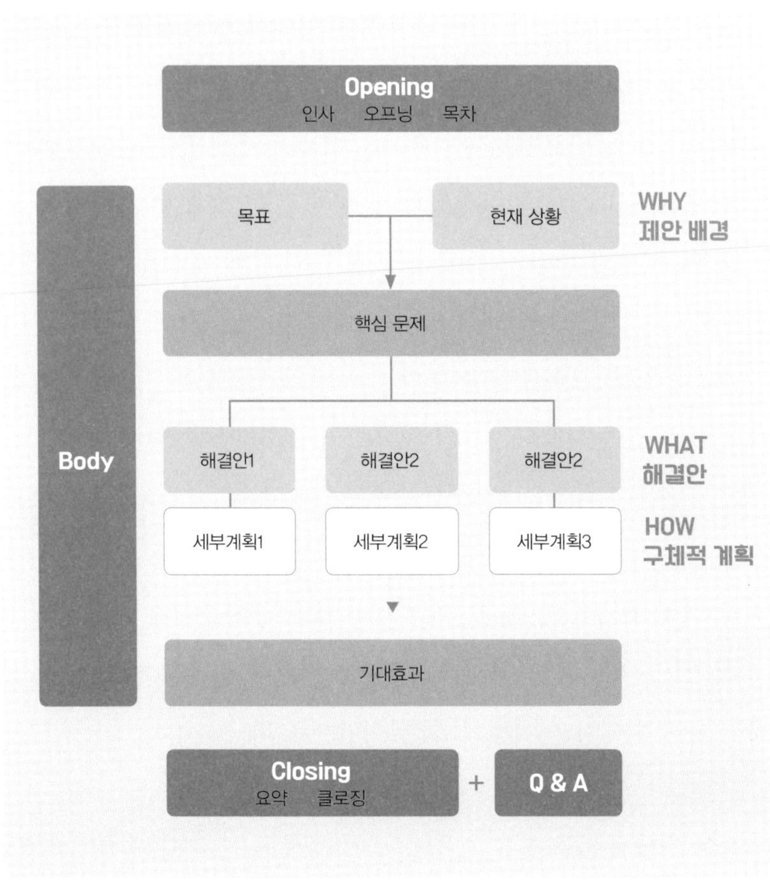
Opening
인사 오프닝 목차
Body
목표
현재 상황
WHY
제안 배경
핵심 문제
해결안1
해결안2
해결안2
WHAT
해결안
세부계획1
세부계획2
세부계획3
HOW
구체적 계획
기대효과
Closing
요약 클로징
+
Q & A

발표 내용이 한 눈에 들어오도록 메시지를 시각화하라

발표 면접을 위해 지금까지 주어진 주제의 답을 논리적으로 전개하는 방법과 발표 내용에 매력을 더해줄 스토리 기법에 대해서 알아보았습니다. 다른 면접들과 발표 면접의 가장 큰 차이점이 무엇일까요? 그렇습니다. 다른 면접들은 자신의 생각을 언어적·비언어적으로 잘 표현하면 되었지만, 발표 면접은 자신의 생각을 시각자료와 함께 보여주어야 한다는 차이가 있습니다. 발표 면접에서 발표 자료가 중요한 2가지 이유가 있습니다. 무엇일까요?

정보 처리 능력 어필

첫 번째 이유는 입사 후 업무에서 보고서 작성이나 프레젠테이션 등 시각 자료 작성에 대한 역량이 필요하기 때문에 발표 면접에서 자신의 역량을 어필할 수 있어야 합니다.

정보 전달의 효율성

두 번째 이유는 우리의 뇌구조가 정보를 처리하는 특징 때문입니다. 우리가 다른 사람의 이야기를 들을 때 시각을 통한 이해와 청각을 통한 이해 중, 어느 것의 비중이 클까요? 우리의 뇌는 외부의 정보를 청각보다 시각을 통해서 훨씬 많이 받아들이고, 기억합니다. 게다가 청각이나 시각 중 한 채널만이 아닌 청각과 시각을 함께 이용해 자신의 메시지를 전달한다면, 상대에게 훨씬 효과적으로 전달할 수 있습니다.

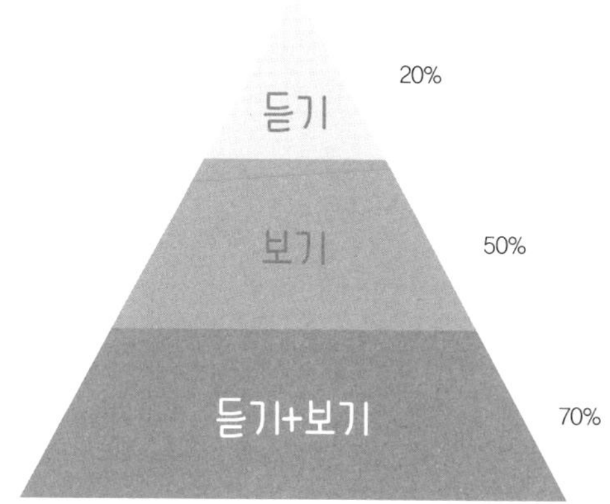

메시지의 도식화

메시지의 도식화는 복잡한 내용을 도식으로 간단하게 정리해 표현하는 것입니다. 많은 내용을 짧은 시간에 말로만 듣거나 텍스트로만 보면서 이해하는 것은 많은 노력이 필요합니다. 하지만 복잡하거나 어려운 내용을 깔끔한 도식으로 정리해서 보여준다면 하루종일 많은 지원자들의 발표를 듣느라 지쳐 있는 면접관들에게 훨씬 더 쉽게 당신의 생각을 전달할 수 있을 것입니다.

예를 들어 '부서 간 협력 촉진방안'을 개선하는 방법에 대해 발표해야 한다면, 다음의 두 자료 중 어떤 자료를 듣는 사람이 더 쉽게 이해할 수 있을까요?

텍스트만 제시한 발표 자료

수험번호 : OOO

성명 : 윤리연

〈과제 - 부서간 협력 촉진 방안〉

1. 부서간 이기주의의 부작용

 1) 조직 전체의 시너지 저하

 2) 타부서의 협조를 받지 못해 해당 부서도 손해 발생

2. 부서간 협력 촉진 방안

 1) 가시적 요소 활용방안

  · 평가 : 목표 수립 시 부서간 공동지표 · 목표 부여,
   부서간 협력도 평가

  · 보상 : 집단 성과급 도입, 협업 우수부서 포상

  · 패널티 : 비협조 직원에 대한 벌점 부여

 2) 비가시적 요소 활용방안

  · 교육 : 협력의 중요성 및 효과적 협력 방법에 대한 교육강화

  - 조직문화개선 : 조직 간 커뮤니케이션 강화를 위한 공동 워크숍 및 이벤트

3. 향후 계획

 1) 인사제도 개선 작업 착수

 2) 교육 및 조직문화 개선을 위한 콘텐츠 개발

메시지가 도식화로 표현된 발표 자료

수험번호 : OOO

성명 : 윤리연

〈과제 - 부서간 협력 촉진 방안〉

1. 부서간 이기주의의 부작용
   1) 조직 전체의 시너지 저하
   2) 타부서의 협조를 받지 못해 해당 부서도 손해 발생

2. 부서간 협력 촉진 방안

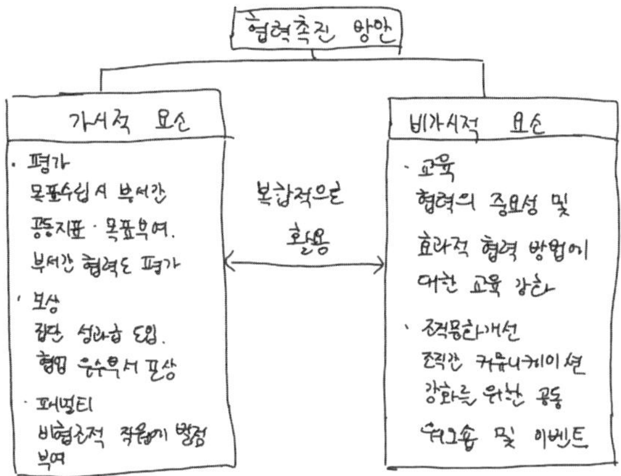

3. 향후 계획
   1) 인사제도 개선 작업 착수
   2) 교육 및 조직문화 개선을 위한 콘텐츠 개발

메시지의 도식화는 핵심이 되는 키워드들을 도형과 선, 화살표 등으로 핵심 키워드 간의 관계를 직관적으로 보여주면 됩니다.

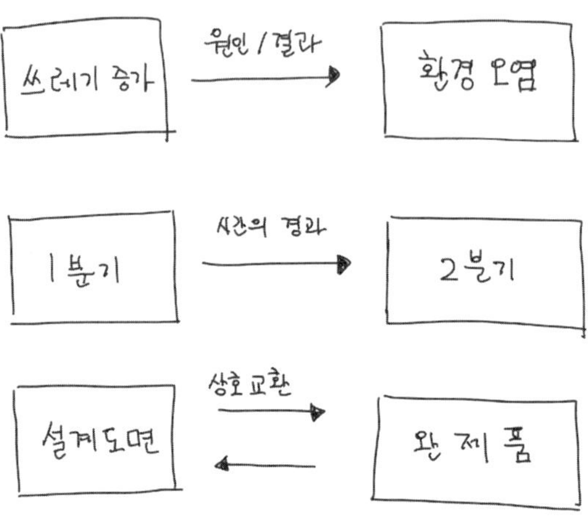

도식화의 주요 패턴은 크게 트리형, 플로우형, 새틀라이트형, 사이클형으로 나눌 수 있습니다. 기본 패턴을 바탕으로 내용에 맞게 변형해서 사용하면 됩니다.

트리형

트리형은 논리적 사고를 보여주는 로직트리나 계층에 따른 구조를 나타낼 때 적합하며, 기업의 조직도나 분류트리를 표현하기에 효과적입니다.

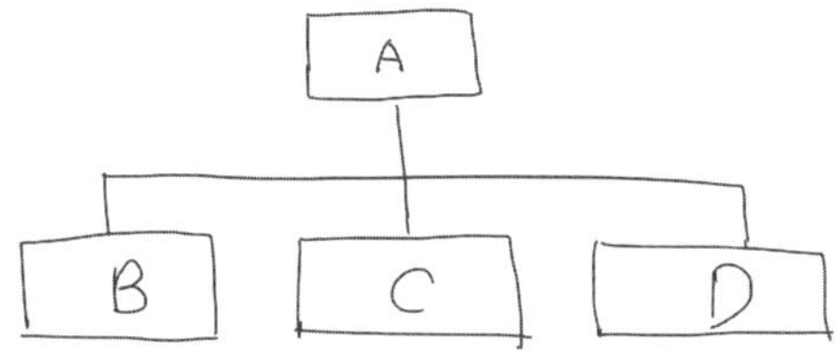

플로우형

플로우형은 시간의 흐름이나 과정의 프로세스를 나타낼 때 적합하며, 시스템의 단계나 이론이 및 모델의 시간 순서에 따른 과정을 표현할 때 유용합니다.

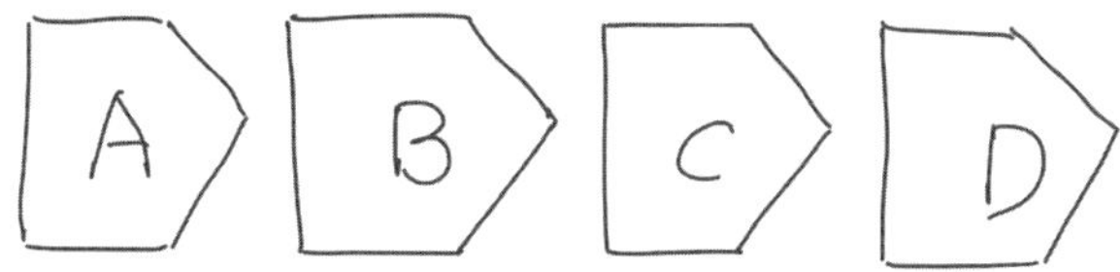

새틀라이트형

새틀라이트형은 인공위성의 모습을 닮아 붙여진 이름입니다. 동등한 위계의 요소의 상호관계를 나타내며 균형을 유지하는 모습으로 표현됩니다. 원과 선으로 나타내며, 주로 전략 프레임워크를 보여줄 때 사용합니다.

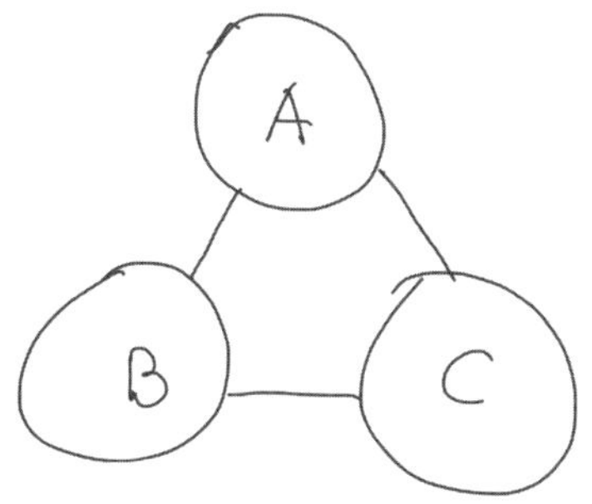

사이클형

사이클형은 요소별 서로 계속 순환하는 모습을 표현합니다. 주로 원과 화살표로 나타내며, 요소별 긍정적 순환 관계를 보여주는 프레임워크입니다.

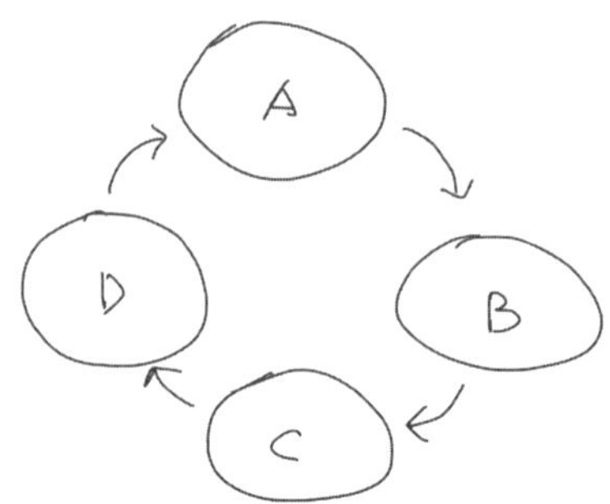

이런 도식화 표현은 평소에 문장을 보면서 주요 내용을 간단하게 도식화하는 연습을 통해 익숙해질 수 있는데, 파워포인트의 Smart Art에 제시되는 프레임워크 목록을 참고하는 게 도움이 됩니다. Smart Art에는 오랜 시간 동안 축적해온 데이터를 바탕으로 가장 많이 사용되는 대표적 도식화 프레임워크가 잘 정리되어 있습니다.

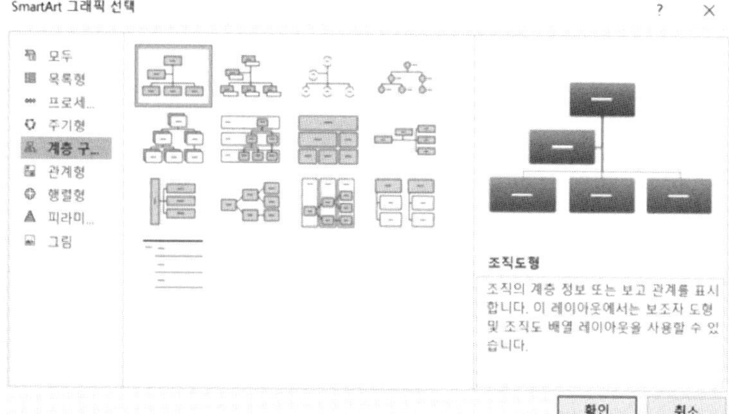

1. 메시지의 그래프&차트화

발표 내용 중 제안 내용을 설명한 다음에 예상되는 기대효과에 대해서는 가능하면 수치로 보여주는 것이 직관적으로 전달할 수 있습니다. 그리고 그 수치들의 의미를 쉽게 보여주는 가장 좋은 방법은 그래프입니다.

그래프는 크게 원형, 막대형, 꺾은선 3가지 유형으로 나눌 수 있으며, 각각의 특징에 맞게 사용하면 됩니다.

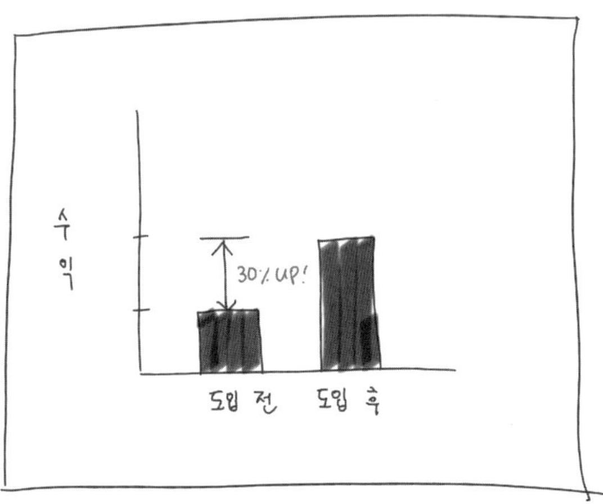

그래프의 종류	활용
A 20%, B 30%, C 50% 원형	· 항목 전체 중 차지하는 비중을 한 눈에 파악하기 좋음 · 주로 시장점유율, 지지율 등을 표현
막대형	· 막대의 높낮이가 명확하게 구분되는 범주를 비교하기 좋음
꺾은선	· 시간의 흐름에 따른 추이를 파악하기 좋음

2. 메시지의 매트릭스화(표)

표는 그래프 작성의 기초 데이터이기도 하지만 경우에 따라 그 자체가 비주얼 도안으로 활용되며, 정성적인 내용 또한 쉽게 정리해 보여줄 수 있습니다. 표의 종류에는 숫자형 표, 정보형 표, 체크형 표가 있으며, 정량적 표현은 숫자형 표, 정성적 표현은 정보형 표와 체크형 표가 적절합니다.

숫자형

숫자형 표를 만들 때는 다음 사항들을 고려해 작성하면 됩니다.

- 가로축에는 가급적 시간적인 배열이나 순서를 넣는다.
- 세로축에는 항목이나 아이템 등을 넣는다.
- 항목은 논리적인 순서에 따라 나열한다.
- 중요한 행, 열, 셀에는 시각적 효과를 위해 색깔을 연하게 넣어 강조한다.

구분	2018	2019	2020
A 산업	93	102	113
B 산업	39	57	83
C 산업	52	34	12
계	184	193	208

정보형

정보형 표의 각 셀에 들어가는 내용은 압축해 표현하며 수식어는 가능한 한 생략하고 명사형 종지법으로 간결하게 작성합니다.

영역	주요 역량
사업계획	· 전문가 확보 · 산업교육 훈련 역량 · 이러닝 운영 역량
개 발	· 기술분야 이러닝 개발 프로젝트 실적 · 방송전문 역량 · 최고 수준의 시설과 인프라
확산·보급	· 산업현장 교수 중심 훈련교수 보유 · 산업기관 단체 제휴 역량 · ICS 협력

체크형

셀 안에 숫자나 텍스트가 아닌 기호를 넣은 체크형 표를 통해 메시지를 전달할 수도 있습니다.

	인재	개발력	자금력
경제적 가치	O	O	O
희소성	O	O	X
조직	X	O	X

마지막으로 메시지의 시각화는 CSI 단계에 맞춰 연습해볼 수 있습니다.

Step1. C(Choice) : 문장에서 핵심키워드를 선택합니다.

Step2. S(Story) : 핵심 키워드 간의 스토리가 직관적으로 보일 수 있도록 표현합니다.

Step3. I(Impact) : 핵심 키워드가 눈에 띌 수 있도록 컬러, 이미지, 텍스트 크기 등으로 강조합니다.

다음의 내용을 예로 들어보겠습니다.

Step 1.

고객센터 서비스의 가장 큰 문제인 '피크 시간대의 긴 대기 시간'을 개선하기 위해서 상담 시간대를 분산시킬 필요가 있습니다. 이를 위해서는 고객에게 충분한 안내와 홍보가 이루어져야 합니다. 또 다른 방법으로는 전화 상담뿐만 아니라 전화, 이메일, 채팅 등을 이용한 비대면 상담을 확대해야 합니다.

고객센터 서비스의 가장 큰 문제인 '**피크 시간대의 긴 대기 시간**'을 개**선**하기 위해서 **상담 시간대를 분산**시킬 필요가 있습니다. 이를 위해서는 고객에게 충분한 안내와 홍보가 이루어져야 합니다. 또 다른 방법으로는 전화 상담뿐만 아니라 전화, 이메일, 채팅 등을 이용한 **비대면 상담을 확대**해야 합니다.

Step 2.

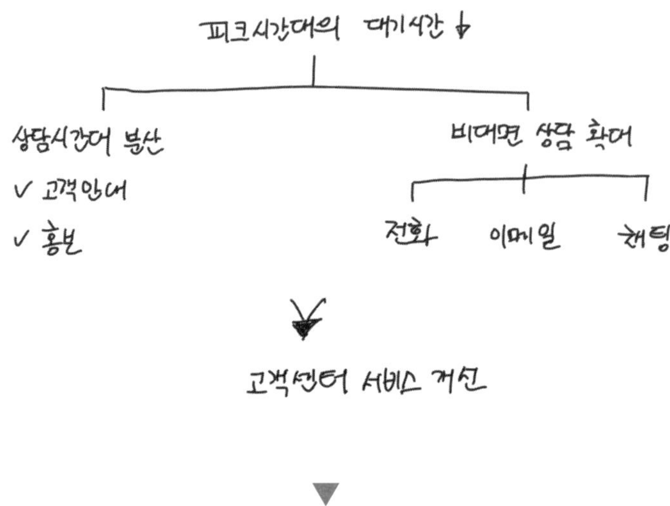
피크시간대의 대기시간 ↓
상담시간대 분산
✓ 고객안내
✓ 홍보
비대면 상담 확대
전화
이메일
채팅
고객센터 서비스 개선

▼

Step 3.

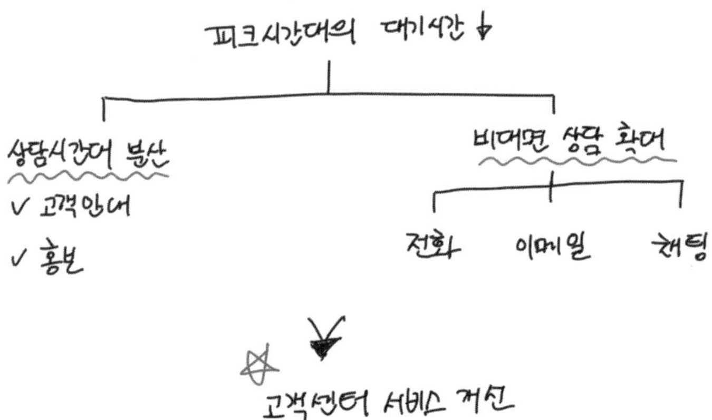
피크시간대의 대기시간 ↓
상담시간대 분산
✓ 고객안내
✓ 홍보
비대면 상담 확대
전화
이메일
채팅
고객센터 서비스 개선

ACTION

3. 발표 면접 셀프 가이드

이제 실제 사례를 통해서 발표 면접을 연습해봅시다. 빠른 문제 이해와 문제해결 능력, 그리고 발표력을 모두 평가하는 발표 면접은 평소 많은 연습이 가장 중요합니다.

WWH와 OBC로 논리 구조 세우기

만약 관련 주제에 대해서 정보가 부족하다면 짧게 자료를 검색하되 2분 이상을 넘기지 않는 것이 좋습니다. 시간이 많이 주어지지 않으므로 심도 있는 문제 분석보다는 내가 가진 정보에 근거해서 차분하게 발표를 전개해나가는 것이 좋습니다. 다음의 핵심 질문에 대해서 빈 종이에 먼저 생각을 정리해봅니다.

발표 주제 사례 1.

제시된 자료를 검토해 올림픽 경기장 및 관련 시설 활용을 위한 향후방안을 제시하시기 바랍니다.

[현재 상황]

2018년 평창 올림픽 실시 이후 관련 시설과 인프라를 앞으로 어떻게 잘 활용할지가 숙제로 남아 있습니다. 올림픽 경기장은 대부분 그대로 남겨둘 예정인데 효과적인 운영방안이 없을 경우, 많은 적자가 예상됩니다.

[해결 과제]

제시된 자료를 바탕으로 올림픽 경기장 및 관련 시설 활용을 위한 향후방안을 제시하시기 바랍니다.

자료 1. 평창올림픽 사후 활용 문제 산적(J 일보 2018. 3. 27)

수천억 원의 예산을 들여 건설한 평창 겨울 올림픽 시설이 애물단지로 전락했다는 지적이다. 매년 수십억 원의 예산이 소요될 경기장 운영비 부담 문제 역시 결론을 내지 못하고 있다.

강원도에 따르면 아직 사후 활용 방안을 찾지 못한 올림픽 경기장은 전체 12곳 중 3곳이다. 강릉스피드스케이팅경기장과 강릉하키센터, 알펜시아 슬라이딩센터 등 3개 전문체육시설이 국비 지원 여부가 결정되지 않았다.

강원도의회에 제출된 '강원도 동계스포츠경기장 운영 관리 조례 일부 개정 조례안'의 비용 추계서를 보면 3개 경기장의 시설 관리 위탁비용은 연간 40억 원에 달한다. 스피드스케이팅경기장은 13억 8,900만 원, 하키센터 14억 1,600만 원, 슬라이딩센터는 12억 5,200만 원이 필요하다. 강원도는 해당 관리비용 부담 비율을 국비 75%, 도비 25%로 나눌 것을 정부와 국회에 건의해왔다. 하지만 정부는 법적 지원 근거가 없다는 이유로 난색을 보이고 있다.

관리 주체가 결정된 시설은 다목적 체육시설 등으로 활용되고 있다. 강릉컬링센터의 경우, 11월 '2018WCF 아시아태평양 컬링선수권대회'를 비롯해 스포노믹스 사업이 마무리될 때까지 유지한 뒤 실내복합복지 체육시설로 활용된다. 피겨·쇼트트랙 경기장으로 활용된 강릉 아이스 아레나 경기장은 실내복합 문화 스포츠시설로 활용할 계획이다.

철거를 전제로 세워졌던 지상 4층 규모의 국제방송센터(IBC)는 국가 문헌 보존관으로 활용된다. 개·폐회식이 열렸던 올림픽플라자는 5층 규모 본관 건물 일부를 존속시켜 올림픽기념관으로 활용하기로 했다. 박영일 강원도 올림픽시설 과장은 "관리 주체가 선정되지 않은 시설은 25억 원의 예산을 투입해 계약직 직원 44명을 두고 유지 관리를 하는 실정"이라며 "올림픽 시설 사후 관리 용역을 통해 활용방안을 마련하고, 이를 근거로 정부에 운영비 지원을 요청할 계획"이라고 말했다.

시설	사업비(원)	관리 주체
정선 알파인 경기장	2,064억	복원 예정
올림픽 슬라이딩 센터	1,144억	미정
강릉 스피드스케이팅경기장	1,324억	미정
강릉 아이스아레나	1,340억	강릉시
강릉 하키센터	1,123억	미정
관동 하키센터	627억	가톨릭 관동대

자료 2.

평창 올림픽 실제 활용방안 현실성 부족(D 일보, 2018. 4)

문제는 관리 주체가 아직 정해지지 않은 3개의 경기장에 대한 사후 활용방안이 겉돌고 있다는 것이다. 가장 큰 이유는 시설물은 넘치는 반면, 이를 실제로 사용할 사람이 없기 때문이다.

2017년 말, 현재 강릉시 인구는 21만 3,952명이다. 강릉 시민들이 아무리 많이 이용한다 해도 시설물들을 놀릴 수밖에 없는 구조다.강릉 스피드스케이팅 경기장이나 강릉 아이스아레나, 강릉 하키센터 등은 모두 다목적 스포츠 레저 시설 또는 문화 공연장으로 활용될 예정인데 봄·가을에는 그나마 이벤트를 유치해 수입을 낼 수 있지만, 겨울에는 훈련장으로만 쓰이기 때문에 일반인 활용이 어려워 운영 적자가 불가피한 것으로 분석된다.

이희범 평창조직위 위원장은 "2022년 겨울 올림픽이 중국 베이징에서 열리는데 이때 평창과 강릉의 좋은 시설이 적극 활용될 수 있도록 노력하겠다"고 말했다. 최문순 강원도지사 역시 "2021년 겨울 아시아경기를 여는 방안을 추진하겠다"고 말했다. 하지만 이 같은 일회성 행사는 재정적으로 큰 도움이 되지 않는다고 전문가들은 조언하고 있다.

자료 3.

올림픽 경기장 사후 활용 벤치마킹 사례

1) 1988년 동계올림픽 개최지 캘거리 사례

비시즌에도 올림픽 파크를 이용할 수 있도록 시민들이 카트를 타고 트랙을 질주하는 체험공간으로 조성했다. 특히 여름은 루지 코스를 일부 개조해 카트를 즐기고 스키점프대는 집라인으로, 슬로프는 산악자전거 코스로 활용하면서 연간 30만 명이 이용하는 레포츠 공원으로 탈바꿈시켰다.

스피드스케이팅 경기장은 해외 선수들 전지훈련 장소로 인기, 철저한 관리로 30년째 최상의 빙질을 유지하고 있다. 봄에는 얼음을 걷어내고 자동차 전시회나 배드민턴, 유도, 태권도 대회 등 하계 종목 대회를 열어 수익을 극대화하고 있다.

2) 2002년 동계올림픽 개최지 솔트레이크시티 사례

솔트레이크시티 빙속 경기장은 다목적 시설로 변신해 유지비를 충당하고 있다. 쇼트트랙과 아이스하키 링크를 새로 만들고 워터파크까지 신설해 하루 최대 5,000명이 이용할 정도로 인기가 있다.

Step1. Why-What-How 틀로 논리의 시각화

현재 상황은 어떠한가?	
달성하고자 하는 목표는 무엇인가?	
핵심적인 문제는 무엇인가?	
해결책은 무엇인가?	
각각의 구체적인 실행방안은 무엇인가?	
기대 효과는 무엇인가?	
예상되는 질문은 무엇인가?	

발표 예시: 평창 올림픽 경기장 효과적인 활용을 통한 적자 해소 및 수익 창출 방안 평창의 영광을 관광 메카로 이어나가자

목표	경기장을 효과적으로 활용해 사시사철 국내 및 해외 관광객을 유치하자
현재 상황	• 경기장 국비 지원 미정으로 재정 부담 가중 예상 • 인근지역 주민만으로는 운영비용을 충당할 수 없음 • 동절기 외에는 관광객 유입 요인이 부족함
핵심문제	• 어떻게 하면 사계절 관광객을 유인할 것인가?
해결안1	교육 및 체험형 복합 스포츠 시설 조성
	세부계획 1 : 집라인, 산악자전거 코스 등 / 익스트림 스포츠 공원 조성 / 컬링, 봅슬레이 등 학생들을 위한 동계 스포츠 교육 및 체험
해결안2	스포츠뿐만 아니라 융·복합 문화 시설로 조성
	세부계획 2 : 하계에는 컨벤션, 전시회, 공연 시설로 시설 변경해서 대여
해결안3	k-pop 연계를 통한 해외 관광객 유치
	세부계획 3 : 올림픽 주경기장에서 방탄소년단 등 공연 실시 등으로 해외 관광객 유치
If(기대효과)	국내외 관광객 유입으로 평창 및 강릉시 관광 수입 확대

Step2. OBC 기법으로 스토리 만들기

발표의 주제는 무엇인가? (제목)	
오프닝은 어떻게 할 것인가?	
클로징은 어떻게 할 것인가?	

발표예시

발표의 주제는 무엇인가?	평창 올림픽 경기장 효과적인 활용방안 대책
오프닝은 어떻게 할 것인가?	'평창 올림픽' 하면 뭐가 가장 떠오르는가? 팀킴으로 불렸던 컬링 팀의 여성 전사들의 경기도 감동적이었고 남북한이 함께 응원했던 장면도 기억에 남는다. 단순히 스포츠 경기를 뛰어넘어서 전 세계를 하나로 만드는 순간들이었다. 하지만 올림픽은 이런 순기능도 있지만, 역기능적 요소들이 많다. 특히 엄청난 예산을 들인 인프라를 잘 활용하지 못해서 흉물로 전락하거나 국가재정에 심각한 부담으로 작용하는 경우가 있다. 평창 올림픽의 영광을 이어나가기 위해서 대안을 제시하고자 함
클로징은 어떻게 할 것인가?	평창 올림픽의 유산을 잘 보존하면서 더욱 발전시켜서 사계절 전 세계가 찾는 스포츠 관광도시로 만들어야 함. 그러면 평창의 영광의 역사는 사계절 전 세계가 찾는 관광도시로 앞으로 계속 이어져나갈 것임

Step3. 발표 메시지의 시각화

발표할 최종 내용을 이곳에 작성해보세요.

발표 주제 사례 2.

4차 산업혁명과 관련해서 우정사업본부의 비즈니스에 미치는 영향을 탐색하고 향후 대응방안을 발표하시기 바랍니다.

Step1. Why-What-How 틀로 논리의 시각화

현재 상황은 어떠한가?	
달성하고자 하는 목표는 무엇인가?	
핵심적인 문제는 무엇인가?	
해결책은 무엇인가?	
각각의 구체적인 실행방안은 무엇인가?	
기대 효과는 무엇인가?	
예상되는 질문은 무엇인가?	

Step2. OBC 기법으로 스토리 만들기

발표의 주제는 무엇인가? (제목)	
오프닝은 어떻게 할 것인가?	
클로징은 어떻게 할 것인가?	

Step3. 발표 메시지의 시각화

발표할 최종 내용을 이곳에 작성해보세요.

PART 6.

이제 스피치 노하우로 성공 면접을 향해 비상하라

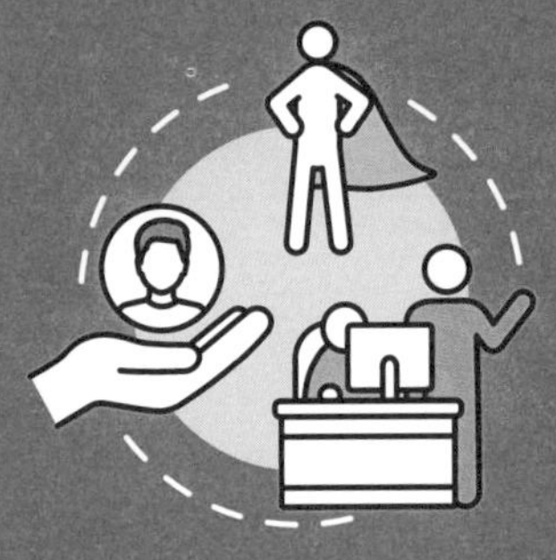

UNDERSTAND 

1. 목소리와 제스처는 말보다 강렬하다 : 비언어적 표현의 중요성

최근에 취업한 친구와 만나기로 약속했는데, 친구가 약속 장소에 1시간이나 늦게 도착했다고 상상해보겠습니다. 중간에 전화도 안돼서 꼼짝없이 기다릴 수밖에 없었습니다.

친구: 야, 미안해, 많이 기다렸지?

나 : (속으로는 굉장히 끓어오르지만) 괜찮아. 뭐 회사 다니다 보면 그럴

수도 있지뭐."

친구 : 진짜 직장 생활 힘들다. 팀장님이 갑자기 밥 사주신다는데 거절하기가 눈치가 보여서 말이야.

나 : 그래….

친구 : 빨리 나온다고 나왔는데 이렇게 늦었네. 어쨌든 미안해. 너 화 안났지?

왠지 그 말에 더 화가 납니다. 자신도 모르게 목소리에 감정이 실리면서 "화 안 났다고! 안 났다니까!"라고 말합니다. 이때 친구는 내가 화가 난 것을 알아차렸을까요? 알아차리지 못했을까요?

대부분 상대가 화가 났다는 것을 알아차릴 것입니다. 물론 말의 내용은 '나는 화가 나지 않았다. 나는 충분히 괜찮다'이지만, 목소리의 톤, 크기, 표정 등의 정보를 분석해보면 말의 내용과는 달리 상당히 화가 났다는 것을 알 수 있습니다.

종종 언어적 표현과 비언어적 표현, 즉 목소리의 톤, 크기, 속도 등의 음성 언어(vocal language)와 제스처, 표정, 눈빛, 자세, 동작 등의 신체 언어(Physical language)가 불일치하는 상황이 생깁니다. 이때 사람들은 무엇을 더 신뢰할까요? UCLA의 메라비언 교수는 이런 상황에서 사람들은 말, 즉 언어적 표현은 7%만 믿고, 신체 언어는 55%, 음성 언어는 38%의 중요도로 믿게 된다고 합니다.

면접에서 아무리 자신은 열정과 도전정신이 넘친다고 말한다 해도 들릴까 말까 한 모노톤의 목소리로 무표정하게 말한다면, 면접관은 그 말의 내용보다는 목소리와 표정이 주는 정보를 더 신뢰할 수밖에 없습니다. 앞의 통계가 잘못 쓰이는 경우가 많은데, 말이 상대의 평가에 7% 정도로만 영향을 미친다는 의미는 아닙니다. 면접에서 올바른 내용의 답변을 하는 것은 매우 중요합니다. 다만 그 말을 확신 있고 자신감 있는 목소리, 표정, 제스처로 전달하지 못할 경우, 면접관은 지원자가 하는 말을 거의 믿지 않게 된다는 것입니다. 특히 내용을 단순 암기했거나 내용에 대한 확신이 부족할 경우에는 더욱더 말이 표정, 목소리와 말과 기름처럼 따로 노는 형국이 될 가능성이 높습니다. 면접관에게 내가 말하고자 하는 의도를 제대로 전달하려면 비언어적 표현력을 업그레이드해야 합니다. 그러면 예상보다 놀라운 결과를 얻게 될 것입니다.

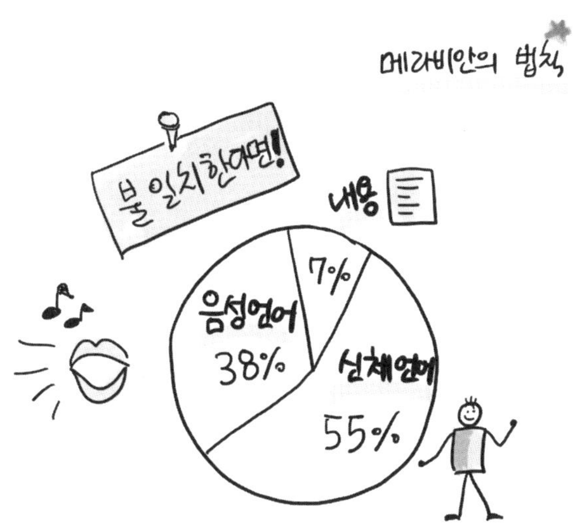

스피치 달인이 되기 위한 기본 마인드

코로나19도 이제 서서히 잡혀가고 드디어 내일이 바로 기다리고 기다리던 면접날이라고 가정해봅시다. 어떤 느낌이 드시나요? 기대감과 함께 동시에 살짝 뒷골이 당기면서 몸이 경직되는 것을 느끼게 될 것입니다. '무표정한 면접관들 앞에서 혹시 말을 더듬거나 얼굴이 붉어지면 어떻게 하지', '혹시 예상치 못한 어려운 압박 질문을 받게 되면 어떻게 하지' 등등 이런저런 불길한 생각이 떠올라 온몸에 아드레날린이 팡팡 퍼지면서 스트레스를 느끼게 될 것입니다. 누군가로부터 평가를 받는다는 것은 참으로 긴장되는 일입니다. 그러한 평가의 결과가 나의 미래에 상당히 중요한 영향을 미친다면 더욱더 그렇겠죠. 꼭 입사하고 싶은 기업이라면 오히려 더 긴장이 되어서 해서 결과적으로는 가진 능력도 제대로 발휘하지 못하는 안타까운 일이 발생할 수도 있습니다. 스트레스 상황에서 우리가 이렇게 반응하게 되는 이유는 바로 생존 때문입니다. 오랜 시간 동안 인간은 생존에 위협이 되는 상황에 직면할 때마다 2가지 반응, 투쟁 혹은 도피(Fight or Flight) 전략을 사용해왔습니다. 싸우거나 일단 도망가는 것이죠. 원시인이 숲속을 거닐다가 갑자기 호랑이를 만났을 때 우물쭈물하다가는 곧 저세상 사람이 될 가능성이 높아집니다. 어떻게 하는 것이 제일 좋은 방법일지 차분히 생각할 틈이 없는 것이죠.

물론 우리는 더 이상 숲 속에서 맨손으로 사냥을 할 필요가 없는 시대에 살고 있습니다. 하지만 우리의 DNA에 입력된 기억은 면접 상황을 생존의 위협으로 인식하게 만듭니다. 그래서 심박동이 빨라지고 손에는 땀이 배어나오게 됩니다. 그런데 살짝 관점을 바꾸어보면 이게 꼭 나쁜 것만은 아닙니다. 이러한 신체적 반응을 오히려 긍정적으로 이용할 수 있습니다. 심장이 빠르게 뛰는 것은 위험한 상황에서 겁 없이 싸우거나 전속력으로 도망가도록 몸 전체에 피를 빨리 공급하기 위한 것이고, 손에 땀이 나는 것은 나무를 타고 올라가거나 무기를 잡고 싸울 때 무기가 떨어지지 않도록 접착 효과가 있다고 합니다. 그래서 어찌 보면 내 몸이 전쟁 상황에 대응하기 위해서 최대치로 육해공 전부대를 결집시킨 상태라고 보면 됩니다. 켈리 맥고니걸 박사는 TED 강연에서 스트레스를 포용하면 자기 불신은 자신감으로, 공포는 용기로 전환된다고 단언합니다. 긴장감을 실패를 부르는 불길한 신호로 받아들이는 것이 아니라 긍정적인 자원으로 인식하면, 제다이의 힘의 원천인 포스로 작용할 것입니다.

면접 스피치 달인 되기 Tip 1.
긴장감을 긍정적으로 받아들이면,
그 파워로 오히려 최고의 퍼포먼스를 낼 수 있다!

관점의 전환과 더불어 중요한 것은 반복된 연습입니다. 준비 부족으로 무슨 말을 해야 할지 머릿속이 복잡하고 평상시 발표 연습도 해본 적이 별로 없다면, 아무리 무한 긍정으로 무장한다 해도 내 안의 포스는 깨어날리 만무합니다. 스피치만큼 시간과 노력의 투자가 정직하게 보상으로 돌아오는 스킬도 없습니다.

전 직장에서 근무할 때, 중국인 직원이 있었습니다. 사실 한국어를 너무 유창하게 구사해서 처음에는 중국인인 줄 전혀 몰랐습니다. 어떨 때는 저보다 한국어 구사 능력이 뛰어나다는 생각이 들 정도였습니다. 8년 전 한국에 오기 전까지 한국어를 전혀 하지 못했는데, 맨땅에 헤딩하는 심정으로 우리나라에 와서 매일 열심히 한국어를 공부하고 연습했다고 합니다. 그런데 중요한 것은 8년이 지난 그 당시에도 매일 아침 30분 동안 책이든 신문이든 큰 소리로 읽는다고 합니다. 왜냐하면 하루만 쉬어도 발음이나 어투가 어색해진다고 생각되어 연습을 멈추지 않는다는 것이었습니다.

면접은 녹화방송이 아니라 생방송입니다. 카메라 불빛이 들어오면 9시 뉴스의 앵커나 아나운서가 완벽한 퍼포먼스를 보여줘야 하는 것처럼 면접도 마찬가지입니다. 그래서 사전에 충분한 연습을 하면서 기회가 생길 때마다 적극적으로 발표를 해나가야 합니다. 그리고 이 책과 함께 발표의 기술을 매일 매일 연습하길 바랍니다.

면접 스피치 달인 되기 Tip 2.
스피치의 달인은 태어나는 것이 아니라
충분한 준비와 철저한 연습으로 만들어진다!

FOCUS

2. 성공 면접을 부르는 비언어적 표현력 강화하기 : 음성 언어와 신체 언어

비언어적 요소는 크게 음성 언어와 신체 언어로 나눌 수 있습니다. 음성 언어에서 우리가 중요하게 다루어야 할 부분은 목소리의 크기, 속도, 톤, 발음이고 신체 언어에서 중요한 것은 표정, 제스처, 아이컨택, 위치와 이동 등입니다. 그렇다면 어떻게 비언어적 표현을 효과적으로 사용할 수 있을지 하나씩 알아보겠습니다.

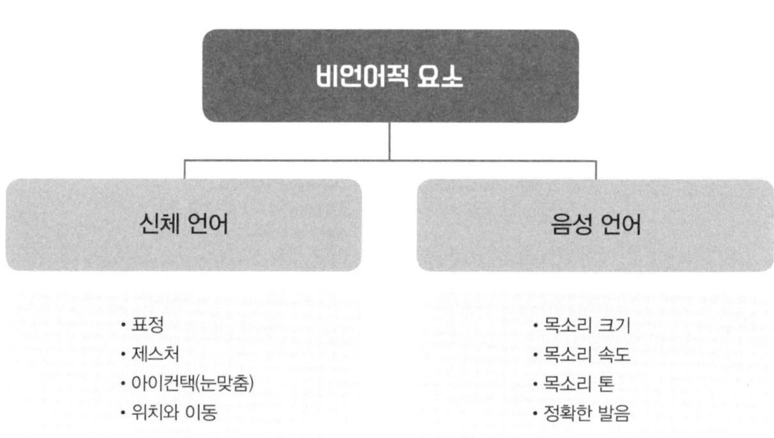

성공 면접을 부르는 목소리 만들기 : 음성 언어 전략

스스로의 목소리에 만족하시나요? 혹시 목소리 때문에 손해를 본 적은 없나요?

취업포털 '잡코리아'에서 직장인들을 대상으로 목소리가 좋은 연예인에 대한 설문 조사를 한 적이 있었습니다. 사람들은 누가 가장 듣기 좋은 목소리를 갖고 있다고 답했을까요? 가장 듣기 좋은 목소리를 가진 남자 연예인 1위는 이선균이었고, 한석규, 성시경, 이병헌 등의 순이었습니다. 여자 연예인 중에는 김태희, 이영애, 송혜교, 김희애 등이 순위에 올랐습니다.

한편, 평소 본인 목소리가 건강하고 매력적이라고 생각하는지 묻자 응답자의 절반 정도가 '그렇지 않다'고 답했습니다. 그 이유로 톤이 너무 낮아 기운 없고 음울해 보여서가 가장 많았고, 다음으로 발음이 부정확해서, 톤이 너무 높아 앵앵거리는 듯한 인상을 주기 때문이라고 답했습니다. '평소 자신의 목소리 때문에 불이익을 받은 적이 있는가'라는 질문에 대해서는 응답자의 30%가 '그런 경험이 있다'고 답했습니다.

만약 전화로 상담이나 판매를 하는 직업처럼 목소리만으로 일을 해야 한다면 목소리만 좋아도 상당히 유리해집니다. 아마도 위 설문에 선정된 연예인들과 유사한 목소리의 상담원이 전화를 한다면 끊지 못하고 계속 전화를 붙잡고 있을지도 모르겠습니다.

우리도 면접에서 좀 더 효과적인 목소리를 사용하면 면접에서 좋은 평가를 받을 수 있습니다. 특히 최근 코로나19의 영향으로 면대면의 만남보다는 화상 미팅이 늘어나고 있는 추세입니다. 면접도 이제는 화상으로 진행될 가능성이 있습니다. 화상이든 대면 면접이든 명확하고 자신감 있는 목소리는 면접관의 평가 점수에 더 큰 영향을 미칠 것입니다. 목소리에서 중요한 것은 나에게 맞는 적절한 크기(볼륨), 속도, 높낮이(톤)를 찾고 올바른 호흡을 하는 것입니다.

올바른 자세가 좋은 목소리를 만든다 : 목소리 크기

먼저 목소리가 너무 작으면 자신감이 없고 열정이 부족해 보입니다. 평소 큰 목소리를 낼 일이 없었다면 면접이나 발표 상황에서도 자신감 있는 목소리를 내는 것이 어려울 수 있습니다. 자신감 있고 풍부한 성량의 목소리를 내려면 평상시 올바른 자세와 호흡법이 중요합니다.

만약 트라이앵글을 연주할 때, 삼각형 윗부분을 손가락으로 잡은 상태에서 친다면 소리가 어떨까요? 아무리 세게 쳐도 멀리 퍼지지 않고 둔탁한 소리가 날 것입니다. 만약 삼각형의 윗부분에 줄을 건 상태에서 친다면 살짝만 쳐도 소리가 크게 멀리 퍼져나갈 것입니다. 우리의 몸도 악기처럼 얼굴, 목, 가슴, 배까지 내부 공간을 울려서 소리를 밖으로 내보내게 됩니다. 우리의 몸이 통이라면 통 안의 공간이 충분해야 소리가 공명이 되어 더 적은 노력으로 더 크고 풍부한 소리를 낼 수 있습니다. 그런데 평상시 구부정한 자세로 말을 하게 되면 충분한 공명이 어려워집니다. 또한 긴장감 때문에 몸이 굳어지면 목 위쪽으로만 소리를 내게 됩니다. 그러면 소리가 크게 나오지 않을 뿐더러 성대에도 부담을 주게 됩니다.

지금 약간 구부정한 자세로 어깨와 목을 움츠린 상태에서 힘을 꽉 쥐고 "안녕하세요. 제 이름은 ○○○입니다"라고 말해보세요. 어떤 느낌이 드시나요? 소리도 작고 힘이 들죠? 아마 이렇게 자기소개를 하다가는 10분도 안 되어서 목이 쉬어버릴 것입니다.

그럼 이번에는 등을 곧게 편 다음, 단전(배꼽 아래 부분)에 힘을 주는 대신 어깨는 완전히 이완시킨 후 중력을 이길 정도로만 턱을 살짝 들어올리고, "안녕하세요. 제 이름은 ○○○입니다"라고 말해보세요. 훨씬 더 적은 에너지로 맑고 큰 목소리를 낼 수 있습니다. 평상시에도 어깨와 등을 곧게 편 다음 어깨에 힘을 빼고 좀 더 큰 목소리로 말하는 습관을 들이는 것이 좋습니다.

자신감 있는 목소리 만들기 Tip 1.
평상시 등을 곧게 펴고 어깨는 이완시킨 다음, 단전에
힘을 주고 말하는 습관 들이기

제대로 숨쉬면 목소리에 힘이 생긴다 : 복식 호흡

'공기 반 소리 반'이라는 말 들어보셨나요? 한 오디션 프로그램에서 박진영 씨가 써서 유명해진 말입니다. 노래든 발표든 좋은 목소리를 내려면 올바른 호흡법이 필요합니다. 자신감 있는 목소리는 흉식 호흡이 아니라 복식 호흡에서 나옵니다. 호흡은 코를 통해서 들어온 공기가 폐를 거쳐서 다시 밖으로 나가는 과정입니다. 그런데 그림과 같이 가슴과 배 사이에는 횡격막(diaphragm)이라는 고무판과 같은 근육이 있습니다. 인간에게 가장 중요한 기관인 심장과 폐를 보호하기 위한 것입니다.

흉식 호흡이나 복식 호흡이나 폐로 호흡을 한다는 점은 같습니다. 하지만 짧고 얕은 흉식 호흡을 하게 되면 횡격막 위쪽 공간으로만 호흡을 하게 됩니다. 그러나 숨을 천천히 깊게 들이마시면 중간에 있는 횡격막이 아래로 밀려 내려가서 충분히 넓은 공간을 만들 수 있기 때문에 충분한 양의 공기를 마시고 내실 수 있습니다. 이때 횡격막에 의해 복부의 내장기관이 아래로 눌리면서 배가 앞으로 살짝 앞으로 나오기 때문에 복식 호흡이라고 부르는 것입니다. 결국 복식 호흡을 하게 되면 내 몸 안의 공간이 넓어져서 충분한 공기가 유입되기 때문에 밖으로 공기를 내보면서 좀 더 풍부한 볼륨감이 있는 목소리를 낼 수 있습니다.

지금 잠시 책을 덮어놓고 복식 호흡을 연습해보겠습니다. 코로 숨을 들이마실 때 속으로 하나, 둘, 셋, 넷까지 세면서 들이마신

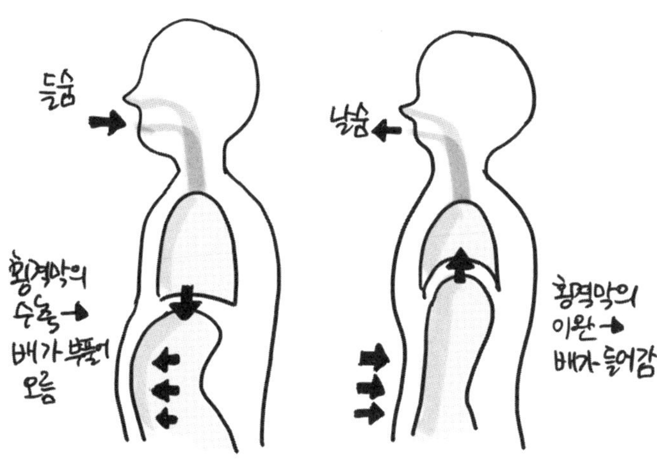

후 다섯, 여섯까지 숨을 멈춘 다음, 다시 하나, 둘, 셋, 넷, 다섯, 여섯까지 천천히 쉬면서 코와 입으로 숨을 충분히 내쉽니다. 들이마실 때 횡격막이 아래로 내려가면서 배는 살짝 나오고 폐의 용적은 크게 부풀어 오른 후 숨을 내시면서 다시 풍선에 바람이 빠지는 듯한 상상을 머릿속으로 해보는 것도 좋습니다. 매일 10분 정도 연습을 해보면 좋습니다.

자신감 있는 목소리 만들기 Tip 2.
매일 10분 이상 복식 호흡 연습하기

적당한 스피드로 말해야 잘 들린다 : 말의 속도

발표자의 말의 속도가 너무 빠르면 청중들은 내용을 알아듣기가 힘들고 발표자가 불안하고 긴장되어 있다고 느낄 것입니다. 하지만 말이 너무 느리면 청중들은 지루해지고 딴 생각을 하게 될 수 있습니다. 적당한 속도는 어느 정도의 속도일까요? 물론 상황이나 내용에 따라서 조금씩 다릅니다. 발표에 주어진 시간이 부족한 상황이라면 좀 더 속도를 빠르게 하는 것이 필요합니다. 만약 중요한 핵심 내용이라면 강조하기 위해서 천천히 말해야 합니다.

그렇다면 일반적으로는 1분에 몇 단어 정도를 말하는 것이 적절할까요? 1분에 100단어 정도가 편안하게 들을 수 있는 적당한 속도라고 합니다. 워드 파일의 메뉴 중 단어 수를 세는 기능이 있습니다. 평상시 나의 말하는 속도가 적당한지 점검할 수 있습니다.

그렇다면 내 목소리 속도를 한번 점검해보겠습니다. 자소서의 내용 중 일부를 복사해서 워드 파일에 붙여넣기를 합니다. 잠시 책을 덮고 타이머로 1분을 맞춰놓은 후, 마치 면접관 앞에서 말하듯이 큰 소리와 정확한 발음으로 그 내용을 읽어봅니다. 타이머가 울린 후 단어수를 세어보면 내 속도를 가늠할 수 있습니다.

자신감 있는 목소리 만들기 Tip 3.
자소서 등 면접 관련 내용을
1분간 100단어 정도의 속도로 자주 읽어보기

성공을 부르는 톤으로 말하라 : 목소리 톤

목소리의 톤 역시 발표의 퀄리티에 큰 영향을 미칩니다. 미국의 대기업 CEO의 목소리를 분석한 결과, 중저음의 목소리를 내는 CEO가 평균보다 더 많은 보수를 받고 기업 자산의 규모도 더 컸다고 합니다. 또 유권자들은 고음보단 중저음의 목소리를 가진 후보자들을 더욱 선호하는 것으로 나타났습니다.

중저음의 부드러운 음성은 청중들로부터 신뢰를 이끌어내는 데 도움이 됩니다. 반면에 너무 높은 톤의 목소리는 가볍게 보여서 신뢰를 주기 힘들고, 허스키하거나 갈라지는 목소리는 거친 이미지를 줄 수도 있습니다. 그렇다면 발표하기에 가장 적당한 톤은 어떤 톤일까요? 상황에 맞아야 하고 자신에게 자연스러워야 합니다.

그럼 실험을 한번 해보겠습니다. "도레미파솔라시도" 음계를 부른 후, '도' 음에 맞추어 "안녕하세요, ○○○입니다"라고 말해보세요. 노래를 부르는 것이 아니라 말하듯이 하는 것입니다. 다음에는 '레', '미', '파', '솔'음에 각각 맞추어 자기 소개를 해봅니다. 어떤 톤이 가장 자신에 잘 맞고 자연스런 느낌을 주나요? 전문가들은 '미' 톤이 가장 안정감을 준다고 말합니다. '미' 톤을 위주로 하되 '솔' 톤으로 강조하거나 '도' 톤으로 진지하게 강조할 수도 있겠죠.

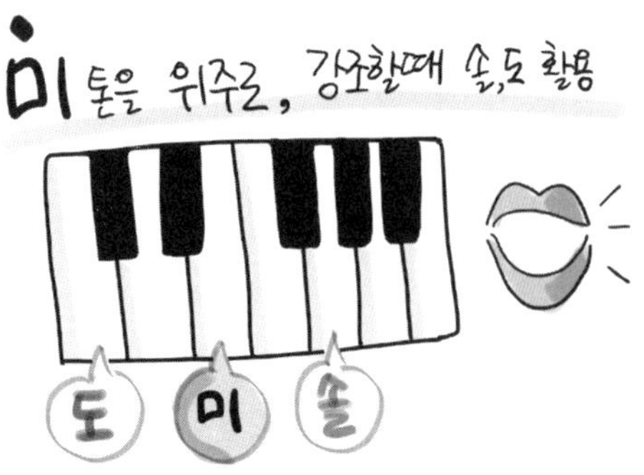

노래에 음정, 즉 음의 차이가 있어서 아름답게 들리는 것처럼 목소리에도 적절하게 톤의 높낮이가 있어야 전달도 잘 되고, 듣는 사람이 지겹지 않습니다. 시종일관 저음의 모노톤으로 발표를 하는 것은 청중들을 꿈나라로 인도하는 가장 확실한 방법입니다.

자신감 있는 목소리 만들기 Tip 4.
도, 미, 솔 음정에 맞추어 자기 소개 연습하면서
자신에게 맞는 톤 찾기

음… 이제 그만 헤어지자 : 포즈 필러(사이음, pause filler)

면접이나 발표 상황에서 긴장을 하게 되면 많이 나오는 것이 바로 사이음, 포즈 필러입니다. 필러(filler)는 빈 공간을 채우는 것이라고 뜻입니다. 단어와 단어, 문장과 문장 사이에 쉬어야 할 빈 공간을 음, 어, 저기, 근데, 뭔가, 그래서, 사실은 등등의 의미 없는 말들로 채워버린다는 것입니다.

지금 여러분이 이 글을 이해할 수 있는 것도 바로 단어, 문장 사이에 빈 칸이 있기 때문입니다. 만약에어단어와단어사이에음빈공간대신어필러가있다면읽으면서음상당히짜증이날것입니다. 말도 마찬가지입니다. 포즈(멈춤)를 하는 대신 의미없는 필러를 자주 사용하게 되면 전달력도 떨어지고 프로다운 이미지를 주기가 어렵습니다.

왜 자꾸 포즈 필러를 사용하게 될까요? 첫째는 불안감 때문입니다. 긴장된 상황에서는 말도 빨라지고 무언가 중단 없이 계속 말해야 할 것 같은 불안감 때문에 쉴 때 적절히 쉬지 못하는 경우가 많습니다. 두 번째는 스스로 인지하지 못하는 경우입니다. 토스트마스터즈(toastmaster's)라는 영어스피치 모임이 있습니다. 영어 발표 능력을 개발하기 위한 모임인데 참가자들이 발표 중에 몇번이나 필러를 말했는지 일일이 세는 아 카운터(Ah counter)라는 역할이 있습니다. 아 카운터는 미팅 마무리에 발표자들이 각각 몇 개의 포즈 필러를 썼는지 발표합니다. 가장 많은 포즈 필러를 쏟아

낸 포즈 필러 킹은 참가자들의 박수갈채를 받으며 1,000원의 기부금을 내야 합니다. 중요한 것은 피드백을 받으면 말할 때 스스로 의식하게 되면서 포즈 필러를 줄여나갈 수 있습니다.

강의 초기에 저의 강의 장면을 녹화해서 본 적이 있었는데, "그렇죠? 그죠?"라는 말을 너무 많이 사용해서 스스로도 놀란 적이 있었습니다. 아마도 교육생들의 동의를 구하고 쌍방향의 소통을 하려는 의도 때문이었던 것 같은데, 교육생 입장에서 보니 왠지 동의를 강요하는 듯한 느낌이 들고 강사 스스로 자신이 없어서 자꾸 확인받으려는 것 아닌가 하는 느낌도 들었습니다. 이렇게 자신의 발표 장면을 녹화해서 관찰하면 평소에는 인지하지 못하는 사이음이나 비효과적인 단어의 사용 등을 개선하는 데 크게 도움이 됩니다.

포즈 필러를 줄이는 가장 쉬운 방법은 좀 더 말을 천천히 하는 것입니다. 중간 중간에 쉬어야 할 지점에서는 잠시 멈춤을 주어야 내용 전달력도 좋아지고 호흡을 충분히 하게 되어 크고 명확하게 소리를 낼 수 있습니다.

자신감 있는 목소리 만들기 Tip 5.
자신의 발표를 녹화한 후 관찰하면서 포즈 필러 찾아보기

미국인들이 가장 존경하는 대통령은 누구일까요? 1위는 링컨, 2위는 케네디, 바로 3위가 루스벨트 대통령입니다. 루스벨트 대통령을 존경하는 이유 중 하나는 그는 재임 기간 동안 대공황 이후 발생한 대혼란을 극복했고 2차 세계대전이라는 위기 속에서 한 국가의 정상으로서 결단력 있는 리더십을 보여주었기 때문입니다. 바로 그가 4번이나 당선되어 총 24년간이나 대통령 직을 수행할 수 있었던 이유이기도 합니다. 그는 사고로 소아마비를 앓고 있었습니다. 하지만 공식석상에 설 때는 절대로 휠체어를 타지 않았기 때문에 루스벨트가 소아마비라는 사실 자체를 모르는 국민들이 많았다고 합니다. TV 보급률이 낮았던 당시 라디오로 미 전역에 방송된 그의 1936년 재선 연설은 세기의 명연설 중 하나로 꼽힙니다. 대공황을 극복하고 개혁을 하겠다는 의지를 담은 그의 목소리는 확신과 파워로 쩌렁쩌렁 울려 퍼졌습니다. 물론 내용도 중요하지만 그 내용을 어떤 목소리에 어떤 톤으로 어떻게 전달하느냐에 따라서 듣는 사람들이 갖는 느낌은 하늘과 땅 차이가 될 것입니다.

성공 면접을 부르는 표정, 동작 연습하기 : 신체 언어 전략

첫인상은 3~8초 사이에 순식간에 만들어집니다. 거기다 한번 만들어진 첫인상을 바꾸려면 몇 배의 노력이 필요합니다. 아예 바뀌지지 않는 경우도 많습니다. 면접에서 첫인상을 결정짓는 가장 중요한 것은 무엇일까요? 복장, 헤어스타일, 표정, 눈빛, 자세와 같은 시각적으로 보이는 부분이겠지요. 인간은 오감 중 시각을 통해서 80%의 정보를 받아들입니다. 면접 상황에서 긍정적인 첫인상을 만들기 위해서 표정, 아이컨택, 제스처, 자세 등을 올바르게 사용해야 합니다.

청중의 호감을 얻는 가장 확실한 방법 : 아이컨택

면접이나 발표 상황에서 청중의 호감을 이끌어낼 수 있는 가장 쉬운 방법은 무엇일까요? 바로 상대를 부드러운 눈빛으로 응시하는 것입니다. 속으로는 아무리 긴장되더라도 부드러운 눈빛으로 상대를 응시하면 청중에게는 자신감 있고 프로답게 인식됩니다. 청중이 발표자에게 호감을 느끼면 내용에 대한 수용도도 함께 높아지고 작은 실수에 대해서도 관대해집니다.

그러면 아이컨택을 어떻게 하면 좋을까요? 제가 만난 한 지원자는 정말 열심히 아이컨택을 했는데 너무 인위적인 느낌을 주는 것이 문제였습니다. 마치 선풍기가 일정한 속도로 180도로 왼쪽부터 오른쪽까지 천천히 움직이는 것처럼 보여서 영 자연스럽지가 않았습니다. 특히 다수의 면접관들 앞에 서서 진행하는 발표 면접에서는 아이컨택을 제대로 못하는 지원자가 많습니다. 아이컨택을 못하는 이유는 무엇일까요? 첫째는, 긴장감 때문입니다. 특히 복잡한 내용을 틀리지 않고 전달해야 한다는 압박감 때문에 청중과 연결을 만드는 아이컨택을 할 여력이 없는 것이지요. 둘째는, 전지에 적은 내용이 너무 많아서 전지의 내용을 줄줄 읽어 내리느라 청중과 아이컨택이 안 되는 경우입니다. 전지든 파워 포인트든 시각 자료는 발표자의 전달을 도와주는 보조도구임을 잊지 말아야 합니다. 이러한 시각 자료들은 빽빽이 채우지 말고 핵심 내용만 간결하게 적는 것이 좋습니다.

아이컨택 원칙은 첫째, 전체 면접관들을 바라보되 전체를 스캔하는 듯한 느낌이 아니라 한 사람, 한 사람을 좀 더 깊이 있게 쳐다보는 것입니다. 물론 유난히 지지하는 표정이나 부드러운 인상의 면접관에게 시선이 갈수도 있지만, 소외됨 없이 전체를 다 쳐다보는 것이 중요합니다. 대략 한 문장에 한 명씩 본다는 느낌으로 전체를 모두 보는 것이 좋습니다.

두 번째는 Take-Turn-Talk의 3T 기법을 사용하는 것입니다. 스크린이나 전지의 내용을 빨리 본 다음(Take), 청중에게 몸을 돌려서 (Turn), 쳐다보면서 말하는(Talk) 것입니다. 발표 시간 중 몇 %나 청중과 눈을 맞추는 것이 좋을까요? 90% 이상, 아니 가능하다면 100%면 더 좋습니다. 최대한 발표 중에는 발표자의 어깨나 등을 보이지 않도록 노력합니다. 그러려면 사실 내용에 대한 이해와 전체 플로우가 머릿속에서 정리가 되어 있어야 합니다. 물론 발표 면접은 준비 시간이 워낙 짧기 때문에 완벽하게 내용을 소화한 상태에서 발표하기는 어려운 것이 사실입니다. 만약 불안한 마음이 든다면 작은 인덱스 카드에 전체 개요나 핵심 내용을 적어서 필요할 때만 살짝 보는 것도 좋습니다.

지금 한번 연습을 해보겠습니다. 벽에 간단한 내용이 적혀 있는 종이 한 장을 붙여놓고 일어선 상태에서 방 안 몇 군데에 포스트를 정해놓고 면접관이라고 상상하며 3T기법으로 한 포스트씩 돌아가면서 쳐다보면서 종이에 적힌 내용을 설명해보는 것입니다.

신뢰를 주는 이미지 만들기 Tip 1.
3T 기법으로 자연스럽게 설명하기

진짜 미소는 늘 환영받는다 : 표정

자연스런 미소는 긴장감이 가득한 면접이나 발표 상황에서 분위기를 부드럽게 만들고 신뢰감을 주는 데 도움이 됩니다. 하지만 일부 지원자들을 보면 시종일관 어색한 미소로 오히려 부정적인 느낌을 주는 경우가 많이 있습니다.

지금 책을 덮고 자신의 미소를 카메라로 촬영해보겠습니다. 첫 번째는 눈은 절대 움직이지 말고 입 꼬리만 한껏 끌어올려서 미소를 지은 다음 자신의 얼굴을 찍어보고, 두 번째는 잠시 내가 좋아하는 대상이나 상황(친구, 부모님, 반려견, 작년 여행 등)을 떠올린 다음, 입 주변뿐만 아니라 눈가가 살짝 내려오는 미소를 지은 후 자신의 얼굴을 촬영해봅니다. 그리고 2개의 사진을 비교해보았을 때, 어떤 느낌이 드시나요?

아마도 두 번째 미소에 훨씬 더 편안함과 호감이 느껴질 것입니다. 첫 번째 미소는 약간 무섭다는 느낌을 줄지도 모릅니다. 첫 번째는 말하자면 가짜 미소이고, 두 번째는 뒤센 미소라고 불리는 진짜 미소입니다. 얼굴에는 44개의 근육이 있는데, 가짜 미소는 이 중에서 입 주변 근육만 움직이는 것입니다. 하지만 진짜 미소는 입 주변 근육과 함께 눈 주변을 감싸고 있는 근육도 함께 움직입니다. 프랑스의 기욤 뒤센 박사는 안면 신경이 마비되어 통증을 느낄 수 없는 환자를 대상으로 다양한 전기 자극실험을 했습니다. 목표는 웃을 때 나타나는 근육의 변화를 찾아내는 것이었습니다. 실험 결과, 광대뼈 근육을 자극하면 입 꼬리가 당겨져 올라가며 웃음이 만들어졌습니다. 자극이 셀수록 더 활짝 웃는 표정이 나타났는데, 요지부동 움직이지 않는 한 곳이 있었으니 그것이 바로 눈가였습니다. 뒤센은 눈 주변 근육은 어떤 인위적인 자극으로도 수축시킬 수 없다는 사실을 발견하게 된 것입니다. 즉, 입 주변을 의식적으로 끌어올리면 가짜 미소는 만들 수 있지만, 눈까지 웃는 자연스러운 미소는 기분이 좋거나 행복하다는 느낌이 들 때 저절

로 나오는 것이지요. 물론 긴장된 면접이나 발표 상황에서 자연스런 미소가 나오기 어려울 수 있습니다. 하지만 평상시 진짜 미소를 짓는 연습을 해보는 것은 중요합니다. 면접을 들어가기 전, 조용한 공간에서 당당히 합격한 자신의 모습을 떠올리면서 자연스런 진짜 미소 연습을 해보는 것을 권합니다.

신뢰를 주는 이미지 만들기 Tip 2.
평상시 눈까지 웃는 진짜 미소 연습하기

시각적 표현력을 업그레이드하라 : 제스처

아이컨택과 제스처만큼이나 프로다운 이미지를 만드는 데 중요한 요소는 바로 적절한 제스처의 사용입니다. 적절한 제스처를 사용하게 되면 발표자 내면의 에너지를 잘 전달할 수 있고, 발표의 핵심 내용을 강조하면서 전달력을 높일 수 있습니다. 또한 제스처를 사용하면 내 머릿속의 내용을 전달하는 것이 훨씬 더 쉬워집니다. 정보는 우리의 머릿속에서 이미지 상태로 저장됩니다. 이러한 이미지를 상대에게 논리적인 구조를 갖춘 말로 전환하는 것은 꽤 까다로운 작업입니다. 이때 우리의 두뇌는 시각적인 이미지를 정확한 단어로 표현하고자 애쓰는 과정에서 양손에 신호를 보내게 되고, 저절로 손이 움직이게 되는 것입니다. 이때 손을 사용하지 못하게 하면 말이 어눌해지고 정확한 단어를 찾는 데 더 많은 시간이 걸린다고 합니다. 제스처를 적절하게 잘 사용하면 말도 더 유창하게 할 수 있습니다.

하지만 발표 경험이 많지 않을수록 청중 앞에 섰을 때 손을 어디에 두어야 할지 도통 신경이 쓰인다고 말합니다. 그래서 가장 많이 저지르는 실수 중 하나가 양손을 배꼽 앞에서 모으거나 등 뒤로 모으거나 혹은 팔짱을 끼는 것입니다. 그것보다 더 안 좋은 것은 제스처를 써야한다는 강박관념 때문에 불필요하게 손을 빙빙 돌리는 것입니다.

올바른 제스처는 어떻게 해야 할까요? 지금 잠깐 자리에서 일어나서 어깨와 등을 곧게 펴고 서 보겠습니다. 어깨부터 바닥까지 보이지 않는 선이 있다고 할 때 그 선 바깥으로 손이 있으면 좀 더 자신감 있고 적극적으로 보이고, 반대로 그 선 안쪽으로 손이 있으면 소극적이고 방어적으로 보인다고 합니다. 물론 아까 말한 것처럼 목적 없는 산만한 제스처는 어색한 느낌을 주고 너무 가볍게 보일 수 있습니다. 그래서 강조하거나 무언가를 묘사할 때 절도 있게 제스처를 사용하고 평상시에는 차분히 손을 내리는 것이 자연스럽습니다.

구체적으로 어떤 제스처를 쓰면 좋을까요? 다음 문장에서 제스처를 쓰면 좋겠다고 생각되는 단어에 각자 나름대로 표시를 한 후

소리 내어 읽어보겠습니다.

> 저는 조직 문화 개선을 위해서 2가지를 강조하고 싶습니다. 첫 번째는 경영진과 직원 간에 소통할 수 있는 기회를 늘리는 것입니다. 두 번째는 모든 부서가 함께 모여서 조직의 핵심가치를 함께 만들어가는 워크숍을 갖는 것입니다.

'2가지'라는 숫자를 손가락으로 강조할 수도 있고, '경영진과 직원'을 각각 왼손과 오른손으로 들어서 표현할 수도 있고, '모든 부서가 함께 모인다'는 부분에서 두 손을 모으면서 강조할 수도 있을 것입니다. 모든 단어에서 제스처를 쓰려고 강박관념을 가질 필요는 없으나 지금보다 10% 정도만 더 제스처를 사용하게 된다면, 훨씬 더 자신감 있고 적극적으로 보일 것입니다.

신뢰를 주는 이미지 만들기 Tip 3.
자소서에 제스처가 필요한 부분을 표시한 다음, 제스처 연습을 해보기

스윗 스팟에서 시작하라 : 위치와 이동

테니스에는 스윗 스팟이라는 말이 있습니다. 라켓에 공이 맞았을 때 가장 멀리 날아가도록 만드는 지점을 말합니다. 같은 노력으로 가장 탁월한 성과를 만들 수 있는 요인이나 지점을 뜻합니다. 발표에서 스윗 스팟은 어디일까요? 바로 청중이 발표자를 가장 보기 쉬운 위치인 정중앙입니다. 면접관으로부터 1~2m 정도 떨어진 정중앙 위치에서 정중하게 인사한 후, 자기 소개와 오프닝 멘트를 합니다. 그러고 나서 전지의 왼쪽으로 등을 보이지 않도록 자연스럽게 이동한 후 내용을 설명하고, 전지의 오른쪽 부분에 있는 내용을 설명할 때 역시 되도록 등이 보이지 않도록 전지 오른쪽으로 이동해서 청중을 보면서 전달합니다. 그리고 시작했던 정중앙 지점으로 다시 돌아와서 질의응답을 받고 최종 클로징을 합니다.

면접 상황이 아니라 넓은 장소에서 프레젠테이션을 하게 될 경우에는 사전에 그 장소에 가서 위치와 이동에 대한 계획을 세워야 합니다. 청중과 아이컨택을 편안하게 할 수 있는 스윗 스팟은 어디인지, 어디로 이동하고 어디에서 마무리 멘트를 할 것인지 리허설을 해봅니다. 디테일이 모든 것을 바꿀 수 있습니다. TED 강연처럼 청중의 규모가 큰 경우라면 전체 청중과의 연결을 위해서 좀 더 동선을 크게 움직일 수도 있습니다.

하지만 발표 면접에서는 다소 신중하게 움직이는 것이 좋습니다. 기업이나 기관의 성격에 따라서 조금 다르겠지만, 열정을 표출하려고 너무 쇼맨십을 발휘하거나 의미 없는 동작들을 많이 하게 되면 감점 요인으로 작용하게 됩니다. 모든 움직임은 목적이 있어야 합니다.

신뢰를 주는 이미지 만들기 Tip 4.
자기소개서에 제스처가 필요한 부분을 표시한 다음,
제스처 연습해보기

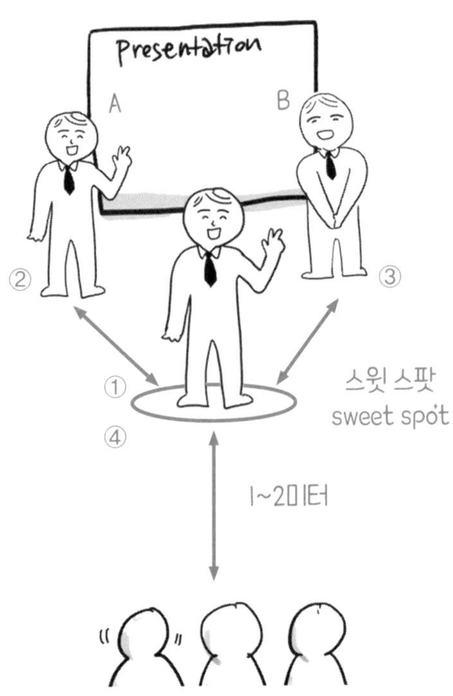

ACTION

3. 연습만이 답이다 : 성공 면접을 위한 발표력 실전 트레이닝

사전 연습을 많이 하게 되면 발표에 자신감이 붙기 때문에 면접에서 크고 작은 실수를 줄일 수 있습니다. 머슬 메모리(Muscle memory)라는 말처럼 꾸준한 연습을 하게 되면 발표의 스킬이 근육 속에 기억되어 청중 앞에 섰을 때 자연스럽게 발표를 이끌 수 있습니다. 무엇보다 중요한 것은 두뇌에 여력이 생기기 때문에 면접관의 질문에 좀 더 즉각적이고 현명하게 대응할 수 있다는 것입니다.

Practice 1) 아래 지문을 정확한 발음으로 또박또박 읽어봅니다.

가	갸	거	겨	고	교	구	규	그	기
나	냐	너	녀	노	뇨	누	뉴	느	니
다	댜	더	뎌	도	됴	두	듀	드	디
라	랴	러	려	로	료	루	류	르	리
마	먀	머	며	모	묘	무	뮤	므	미
바	뱌	버	벼	보	뵤	부	뷰	브	비
사	샤	서	셔	소	쇼	수	슈	스	시
아	야	어	여	오	요	우	유	으	이
자	쟈	저	져	조	죠	주	쥬	즈	지
차	챠	처	쳐	초	쵸	추	츄	츠	치
카	캬	커	켜	코	쿄	쿠	큐	크	키
타	탸	터	텨	토	툐	투	튜	트	티
파	파	퍼	펴	포	표	푸	퓨	프	피
하	햐	허	혀	호	효	후	휴	흐	히

Practice 2) 아래의 연설문은 BTS의 리더, RM이 UN에서 했던 발표 내용 일부입니다. 내용을 먼저 읽어본 후, 목소리의 크기의 변화, 높낮이의 변화, 강조, 멈춤, 제스처가 필요한 부분에 표기를 합니다. 그리고 큰 목소리로 실제 연단 앞에 서서 연설하듯이 읽어봅니다.

(중략)

저는 오늘 저에 대한 이야기로 시작하려 합니다. 저는 대한민국 서울 근교에 위치한 일산이라는 도시에서 태어났습니다. 그곳은 호수와 산이 있고, 해마다 꽃 축제가 열리는 아름다운 곳입니다. 그곳에서 행복한 어린 시절을 보냈고, 저는 그저 평범한 소년이었습니다. 두근거리는 가슴을 안고 밤하늘을 올려다보고, 소년의 꿈을 꾸기도 했습니다. 세상을 구할 수 있는 영웅이 되는 상상을 하곤 했습니다.

저희 초기 앨범 인트로 중 '아홉, 열 살 쯤 내 심장은 멈췄다'는 가사가 있습니다.

돌이켜보면, 그때쯤이 처음으로 다른 사람의 시선을 의식하고, 다른 사람의 시선으로 나를 보게 된 때가 아닌가 싶습니다. 그때 이후 저는 점차 밤하늘과 별들을 올려다보지 않게 됐고, 쓸데없는 상상도 하지 않게 되었습니다. 그보다는 누군가가 만들어놓은 틀에 저를 끼워 맞추는 데 급급했습니다. 얼마 지나지 않아 내 목소리를 잃어버리고, 다른 사람의 목소리만을 듣기 시작했습니다. 아무도 내 이름을 불러주지 않았고, 저 스스로도 그랬습니다. 심장은 멈췄고 시선은 닫혔습니다. 그렇게 저는, 우리는 이름을 잃어버렸고 유령이 되었습니다.
하지만 제게는 하나의 안식처가 있었습니다. 바로 음악이었습니다. 제 안에 작은 목소리가 들렸습니다. '깨어나, 남준. 너 자신한테 귀를 기울여!" 그러나 음악이 제 진짜 이름을 부르는 것을 듣는 데까지는 오랜 시간이 걸렸습니다. 막상 방탄소년단에 합류하기로 결심한 이후에도 많은 난관이 있었습니다. 못 믿는 분들도 계시겠지만, 대다수의 사람들은 우리가 희망이 없다고 생각했습니다. 때때로 그저 포기하고 싶었습니다.

하지만 제가 모든 것을 포기하지 않은 것은 정말 행운이라고 생각합니다. 저는, 그리고 우리는, 앞으로도 이렇게 넘어지고 휘청거릴 겁니다. 방탄소년단은 지금 대규모 스타디움에서 공연을 하고 수백만 장의 앨범을 파는 아티스트가 되었지만, 여전히 저는 스물네 살의 평범한 청년입니다. 제가 성취한 것이 있다면, 이는 바로 곁에 멤버들이 있어주었고, 그리고 전 세계 ARMY분들이 저희를 위해 사랑과 성원을 보내주었기에 가능했던 것입니다.

어제 실수했더라도 어제의 나도 나이고, 오늘의 부족하고 실수하는 나도 나입니다. 내일의 좀 더 현명해질 수 있는 나도 나일 것입니다. 이런 내 실수와 잘못들 모두 나이며, 내 삶의 별자리의 가장 밝은 별무리입니다. 저는 오늘의 나이든, 어제의 나이든, 앞으로 되고 싶은 나이든, 제 자신을 사랑하게 되었습니다.
(중략)

Practice 3) 다음의 질문 중 한 가지를 선택해서 STAR-C 기법을 이용해서 키워드 중심으로 적어본 다음, 2분간의 발표를 핸드폰으로 촬영해서 장점과 개선점을 적어봅니다.

- 갈등 상황에서 리더십이나 소통능력을 발휘해 좋은 성과를 이끌어내었던 경험이 있었습니까? 언제 어디서 어떻게 행동했습니까?
- 그동안 자기 개발을 위해서 어떤 노력을 기울였고, 어떤 성과가 있었는지 말씀해주세요. 그동안 어려운 상황에 처했을 때, 포기하지 않고 문제를 창의적으로 해결했던 사례가 있다면 말씀해주세요.
- 현실과 타협하거나 편법을 쓰지 않고 원칙대로 일을 처리해서 좋은 결과를 이끌어냈던 사례가 있습니까?

S

언제 어디서(학교 수업, 팀 프로젝트, 동아리, 인턴, 동호회, 온라인 커뮤니티, 봉사 활동)

T

나에게 주어진 임무(주어진 목표, 임무)

A

어떻게 행동했는지(나의 대응방안)

셀프 피드백

	장점	개선점
음성 언어 (목소리 크기, 속도, 발음, 멈춤 등)		
신체 언어 (아이컨택, 표정, 제스처, 자세 등)		

참고 문헌

《프레젠테이션 전략》, 2017, 양성원, 이재희, 박효정, 이보람 저

《프레젠테이션의 기술》, 2017, 생각정리연구소, 나가타 도요시 저, 정지영 역

《에듀윌 NCS 자소서&면접》, 2019, 에듀윌, 방영황 저

《공기업 NCS 면접의 기술》, 2020, 미디어 정훈, 박희주, 강주성 저

《비즈니스커뮤니케이션》, 2019, 한올, 이재희 저

《AI 면접 합격 기술》, 2019, 시대고시기획, 설민준 저

《공취달 NCS 면접 실전 가이드》, 2019, 공취달, 김형관, 조지용, 미라클잡 저

본 책의 내용에 대해 의견이나 질문이 있으면
전화 (02)333-3577, 이메일 dodreamedia@naver.com을 이용해주십시오.
의견을 적극 수렴하겠습니다.

착한 언니들이 알려주는 NCS 취업 면접 성공비법

제1판 1쇄 | 2020년 11월 9일

지은이 | 윤지연, 김은주
펴낸이 | 손희식
펴낸곳 | 한국경제신문*i*
기획제작 | (주)두드림미디어
책임편집 | 최윤경

주소 | 서울특별시 중구 청파로 463
기획출판팀 | 02-333-3577
영업마케팅팀 | 02-3604-595, 583 FAX | 02-3604-599
E-mail | dodreamedia@naver.com
등록 | 제 2-315(1967. 5. 15)

ISBN 978-89-475-4645-4 (03320)

책값은 뒤표지에 있습니다.
잘못 만들어진 책은 구입처에서 바꿔드립니다.